创客青春
——景德镇学院校友创业案例集

主　编　赵　新　　司春灿

副主编　周桂诗洋　谭　茜　徐欣鹏

参　编　张　琳　　黄　超　金　婷　董　琛

北京理工大学出版社
BEIJING INSTITUTE OF TECHNOLOGY PRESS

内 容 提 要

为进一步发掘和弘扬景德镇学院校友创新创业精神，推进学校人才培养模式改革，更好地激发和提升广大在校师生创新创业综合素质，编委会采访了15位校友，最终编成了本书。

本书讲述的是校友们生动的创业故事，每篇文章分为校友简介和创业历程两部分，可以让学生和广大支持、关怀景德镇学院事业发展的人士深切地感受到景德镇学院校友对创新创业梦想的执着和坚守，以及他们在追梦路上所表现出的企业家精神。

版权专有　侵权必究

图书在版编目（CIP）数据

创客青春：景德镇学院校友创业案例集 / 赵新，司春灿主编. ---北京：北京理工大学出版社，2022.9（2024.8重印）
ISBN 978-7-5763-1737-4

Ⅰ.①创… Ⅱ.①赵…②司… Ⅲ.①企业管理—案例—中国　Ⅳ.①F279.23

中国版本图书馆 CIP 数据核字（2022）第 176680 号

责任编辑：封　雪　　　　　**文案编辑**：毛慧佳
责任校对：刘亚男　　　　　**责任印制**：王美丽

出版发行 /	北京理工大学出版社有限责任公司
社　　址 /	北京市丰台区四合庄路6号
邮　　编 /	100070
电　　话 /	（010）68914026（教材售后服务热线）
	（010）68944437（课件资源服务热线）
网　　址 /	http://www.bitpress.com.cn
版 印 次 /	2024年8月第1版第3次印刷
印　　刷 /	河北世纪兴旺印刷有限公司
开　　本 /	787 mm×1092 mm　1/16
印　　张 /	11
字　　数 /	132千字
定　　价 /	36.00元

图书出现印装质量问题，请拨打售后服务热线，负责调换

前 言 Preface

大众创业、万众创新是新时代中国经济社会发展的"双引擎"之一。高等学校的"校友群体"作为创新创业力量的重要来源，把握时代方向，紧跟时代潮流，迎难而上，在新时代的广阔天地中绽放，在拼搏的青春中成就事业华章。

景德镇学院建校至今，一代代毕业生以继往开来、永不言败的坚毅与敢为人先、为国担当的豪迈情怀，在"大众创业、万众创新"的时代大潮中，奋勇向前，乘风破浪，屹立潮头，谱写出一曲曲中国高等教育史上的奋斗长歌，熔铸成景德镇学院学子开拓创新、实干笃行的优秀品格。在景德镇学院培养出的众多学子中，自20世纪90年代开始，就不断涌现出艰辛探索、自主创业的企业家，构筑出一条光辉的景德镇学院校友创业之路。

2022年是党的二十大召开之年，也是进入全面建设社会主义现代化国家、向第二个百年奋斗目标进军的重要之年。与此同时，景德镇学院也迎来了建校45周年的光辉时刻。这一年，又有数位景德镇学院校友在创业道路上迈出了坚实的步伐。从他们的创业历程中，我们看到了景德镇学院人"自强不息，泽土惠民"的独有精神气质，深切感受到他们身上坚忍执着、爱国担当的品格。正是这种精神气质和品格，支撑着这些创业者无论面临什么样的困难与挑战，都能勇敢面对、坚定向前。

创业无论年代、无关年龄，创业者大多是白手起家，但是只要有梦想、勇气和毅力，他们必将成为时代的弄潮儿。本书讲述了数位优秀校友创业的历程和体会，他们是景德镇学院学子创业的典范。从他们艰辛的创业历程中可见，创业没有一蹴而就的，人才、资金、市场都是在不断积累中逐步壮大；创业没有一帆风顺的，挫折、失败和痛苦都是横亘在前行道路上的座座大山。从这些校友的创业故事中，我们可以感受到他们梦想与现实的激烈碰撞、激情与困惑的爱恨交织、逆境与顺境的思维转变、成功与失败的心路历程。他们的创业经历对于母校而言是一笔宝贵的精神财富，必将成为在校求学和正在创业路上苦苦探索的景德镇学院学子的领航指南与经验手册。

本书共收录了15位校友的创业故事，这些故事从不同视角展现了景德镇学院人的创业风采。虽然他们的行业不同、历程各异，但都有一个共同点，即把景德镇学院"自强不息，泽土惠民"的校训铭刻于心，将"知行合一，守正创新"的理念落实于地，担负起国家富强、民族振兴、社会进步的使命。

雄关漫道真如铁，而今迈步从头越。一代代景德镇学院学子以敢为人先、舍我其谁的无畏勇气，执着坚定地跋涉在创业路上。他们在各自领域内挥洒青春、奉献才智、锐意进取、开拓创新，在实现中华民族伟大复兴的征程中，谱写出景德镇学院人一段段、一篇篇气势恢宏、催人奋进的创业华彩乐章！

本书编委会

2022年7月

目 录

第一部分 优秀校友创业故事

创业不易如渡劫，生命不息不言败
　　——记德马吉国际展览有限公司创始人及欧马腾会展科技（上海）
　　　有限公司董事长王翔 ·· 3
奋斗铸就梦想，热血救助贫困
　　——记江西欧尚园林工程有限公司董事长赵文扬 ··················· 9
不忘赤诚心，守得梅花开
　　——记景德镇市御色陶瓷有限公司总经理胡泊 ····················· 14
坚持努力，不畏艰辛
　　——记誉林控股（深圳）有限公司总经理崔永健 ·················· 19
尽可能地生活，把蓝图"造进"现实
　　——记景德镇市鹰眼文化传媒有限公司、景德镇匠人科技有限公司
　　　负责人刘强 ·· 23
艰苦创业志难挫
　　——记景德镇罗恒创意设计有限公司创始人罗恒 ·················· 29
踏月追寻古瓷之美
　　——记"青匆艺集陶瓷文化中心"负责人孟铃烁 ··················· 34
用设计赋能生活，以作品记录时代
　　——记深圳市深文装饰设计工程有限公司董事、深圳市盛堂设计
　　　顾问有限公司创始人盛思民 ······································· 45
人生不言失败，34岁中流砥柱
　　——记水流星陶瓷文化传播有限公司董事长钟忠 ·················· 51
以匠心精神铸工艺之光
　　——记浙江易盛工艺品有限公司负责人饶金波 ····················· 56

心中有光，脚踏实地，坚韧向前，终能看见美好
　　——记洲升CHAU·RISING品牌联合创始人郑伊娜 …………… 61
自强不息，砥砺前行
　　——记深圳市西林电气技术有限公司董事长万同山 …………… 68
"奋斗者　正青春"用爱照亮乡村孩子的未来
　　——记全国教书育人楷模、全国三八红旗手、最美教师程风 …… 71
追逐光，成为光，散发光
　　——记中国数字医疗集团董事长汪金炜 ………………………… 79
巾帼若有凌云志，须眉必可敬三分
　　——记楚磁贸易有限公司董事长陈萌 …………………………… 83

第二部分　行业典型创业案例

梦想和危机感让我越走越远
　　——记东软集团董事长刘积仁 …………………………………… 89
创新是企业发展的动力
　　——华为的崛起 …………………………………………………… 105
人生不言老，59岁再出发
　　——记上海振华重工（集团）股份有限公司原总裁管彤贤 …… 110
给智能家电装上"中国芯"
　　——记浙江达峰科技有限公司董事长徐昌国 …………………… 115
听上去矫情，但我做农业就是为了报恩
　　——记北京中恒兴业科技集团有限公司董事长秦亚良 ………… 126
梦想照进现实，创新推动发展
　　——记厦门钨业股份有限公司党委书记庄志刚 ………………… 131

第三部分　国家创业工作文件汇编

教育部关于举办中国国际大学生创新大赛（2024）的通知 ……… 147

参考文献 …………………………………………………………… 170

第一部分
优秀校友创业故事

创业不易如渡劫，生命不息不言败

——记德马吉国际展览有限公司创始人
及欧马腾会展科技（上海）有限公司董事长王翔

校友简介：

王翔，1982年出生，江西上饶人。2002年毕业于景德镇学院，2004年，创立德马吉国际展览有限公司；2015年，创办欧马腾软件有限公司（现更名为欧马腾会展科技（上海）有限公司）；2016年，德马吉国际展览有限公司以3.75亿价格与岭南股份换股上市，成为会展行业第一家上市公司；2017年，在上海交通大学取得金融学硕士学位并受聘为中国传媒大学、景德镇学院客座教授；2018年攻读美国亚利桑那州立大学金融博士学位；2019年，作为进博会文创企业家代表接受中央电视台新闻联播采访。2005年至今，先后担任上海市会展行业协会副会长、上海国际商会常务理事江西商会副会长、上饶商会副会长。现任欧马腾会展科技（上海）有限公司董事长。

今幸得母校邀请向学弟学妹分享创业历程，因之前我创立的"德马吉国际展览有限公司"在2016年成功以3.75亿的价格并入岭南股份，并有幸成为其大股东之一，这一成就让我有幸成为母校早期创业者中的佼佼者。在此，我想特别感谢母校的悉心栽培，正是这份恩情激励我不断前行。为回馈母校的厚爱，我捐赠了50万元设立励志奖学金，希望能激励更多学子追求卓越，勇于探索。诚然，我的创业之路既有幸运之神的眷顾，也离不开不懈的努力与坚持。但过往的辉煌已成历史，它是我前行路上的宝贵财富，更是激励我继续攀登高峰的动力源泉。

现在我还在创业欧马腾会展公司，因外部环境变化，自2020年开始创业至2024年整个创业过程十分艰难，所以究竟是写创业过程还是写创业成功，我十分犹豫。常言说没有人能永远年轻，但永远有人正年轻，创业也是一样，没有人能够一帆风顺一直成功，虽小有所成不足为道，但创业尚处奋斗期，未知与不确定犹如达摩克利斯之剑高悬颅顶，若揪着成功经历夸夸其谈，对于我一个刚过不惑之年的人来说尚存惶恐，即便相较于学弟学妹已走了稍远的路，可后面的路依旧漫长且充满未知和挑战，没有任何成功可以完全复制，失败也是一样，与其长篇大论创业历程，不如向学弟学妹分享我的创业感想，毕竟人与人之间在情感和心态上总会是相通的。

我叫王翔，毕业于景德镇学院，自2002年毕业至今已20个春秋，光阴似箭，从初出茅庐四处碰壁到成为上市公司董事长，再到"激流勇退"再度创业，个中苦乐，屈指难数，无论是辉煌还是挫折都随着时间长河的滔滔不绝成为我一生的宝贵财富，众多经验对己自勉也愿与君共勉。

2002年毕业后在老家求职无果，想起年少时看过的《上海滩》里的经典角色，便孤身一人踏入上海，站在外滩望着陆家嘴的灯火辉煌，也曾稚气的高喊，渴望拼出一番天地。可现实总会对你的热血沸腾重拳出击，陆家嘴不过是地铁通勤上的一个站点，它承载着无数沪漂的诗和远方，最后还是将我送回徐家汇小杂镇里的阴冷潮湿，一间几平米没有窗户的小房间。

刚开始我进了一家装潢公司，由于刚毕业经验不足被辞退。而后进入另一家装潢公司，但因无法认同企业及老板的价值观，我决定辞职。在这家公司有这样一段"趣事"，老板要求我向客户表示自己出身顶尖名牌大学，这会提高客户信任度便于签单。从小家里就教育我要诚信为人，脚踏实地，我难以做出这般欺骗客户欺骗自己的事。更何况，我的母校景德镇学院一直教导历届学子自强不息、泽土惠民，学校多年来对我的栽培于我而言是顶尖照料、名牌呵护！《易经》里提到厚德载物，多年后再次回想这段经历深感做人没有厚德，物是载不住的，这句话也作为我们公司的企业文化一直沿用至今。

祸兮福所倚，福兮祸所伏。有过前面几次不太顺利的工作经历，我重新审视自己的长处不足，选择了一家国企广告公司里的展览部门，在这里我明白了展览的"前世今生"，似乎寻到了自己的职业工作方向。最开始的一年半里，风雨无阻，生病高烧也没请过假，终于功夫不负有心人，我从一个默默无闻的设计师升任设计总监。因在这过程里积累的经验和客户资源，我萌生了创业的想法。

2004年底，我开始创业，因在以前的公司没有间断过项目经历，我信心满满。然而万事开头难，初创后的3个月接不到任何业务，为了维持生计我只能给别人兼职做设计，那段日子见不到落日却久有朝阳相伴，每天在办公地打地铺，只有4个小时左右的休息时间，真可谓"当老板也得睡地板"。

窘境之时，前公司老板劝我放弃，回去做设计更加稳定。当时我已经近乎山穷水尽，每天都在为交房租水电、还房贷头痛，可我还是谢绝好意，没有片刻犹豫，既然创业就不会有回头路。皇天不负有心人，经过不断争取，终于签下一笔7万元的合同。为了签下这笔合同，我蓄须一周，只为了增强甲方对我的信任感。现在想来，不免稍显稚气，却也感谢当年自己的热血拼搏，当你努力到无能为力之时，努力终将成为努力者的通行证。

2005年我承接一个海外项目，利润近12万，这一成果令我喜悦难掩。然而，事后我才逐渐意识到，该项目若依据德国本土的收费标准执行，其潜在利润可高达四十万之巨。彼时，我尚显青涩，且因初涉商海，对业务的迫切渴望让我对既得成果倍感满足，未能全然洞悉市场潜在的丰厚回报。此项目虽不易，却激发了我对海外展览市场的兴趣。外国客户的高消费力让我意识到，中国企业海外参展也需合理定价，由此萌生了发展外展业务的念头。

2005至2007年间，我的创业之路颇为顺畅，然而，因管理经验与财务知识的匮乏，资金多倾注于团队扩张。2008年，受成功惯性驱使，我贸然迁址至徐家汇，斥巨资于租赁、装修及设备购置，团队规模亦扩至二十余人。彼时，客户回款及时，掩盖了财务透支的隐患。金融危机爆发，业务骤减，资金链断裂，加之供应商欠款高达百万，公司陷入绝境。面对困境，我作为负责人和创始人，承担起所有债务，选择坚持而非逃避。变卖家产，借贷维生，同时迎接我儿子这个新生命的到来，压力空前。在绝望中，我仍全力以赴，把握每一个潜在商机。

2008年末,我以微薄之力举办了一场散伙饭式的年夜饭,为员工准备红包却遭婉拒,他们的无私支持成为我前行的动力。此后,我调整策略,依靠家人亲友与同事伙伴的支持,重启事业,决心拓展海外市场以分散风险。首次出国参展的记忆深刻,尽管个人生活面临诸多不便,我仍坚守岗位,每日奔波于展会与住所之间,两点一线,以辛勤汗水换取业务机会。最终,得益于国家经济刺激政策的出台,国内市场回暖,使我深刻体会到"选择大于努力"的道理。

回顾往昔,国家4万亿经济刺激政策无疑为国内市场注入强心剂,我的业务自2009年起连年翻倍增长,直至2016年,德马吉国际展览有限公司以卓越表现被岭南股份以3.75亿收购,超额完成三年一亿利润目标,跻身行业前三。此间成就,离不开家人、同事、朋友、客户、岭南股份及母校的鼎力支持,在此深表感激。

2015年,我毅然辞去上市公司子公司董事长之职,重启创业征程,旨在推动中国会展业迈向更高层次,实现中国品牌的世界舞台绽放。届时,我创立了欧马腾会展科技(上海)有限公司,并推出荟展城、模型云两大创新产品。模型云,作为3D及SU模型素材分享交易平台,引领共享经济风尚,为全球设计师提供模型设计相关参考、交流、交易及教育等多元化服务;荟展城,则聚焦会展B2B资源整合,产品集设计师、展览公司、工厂、主办为一体,为行业提供会展设计搭建业务匹配、审图监理、主场报馆、环保展台等多项服务。

面对新冠疫情挑战,欧马腾迅速应变,率先推出数字会展+云看展服务,利用公司强大的设计能力和研发实力,设立欧马腾云平台,为客户提供线上线下的展示服务。让中国品牌无国界地展示,让国内外文化无障碍地交流。利用公司海外分布,重大国际展会同步云上直播,带给客户第一国际市场资讯。该平台在广交会、文博会、数贸会上都有应用,开创了线下展会云逛展的新方向。

二十载风雨兼程，欧马腾已服务于半数世界五百强、七成中国五百强及众多顶尖展览主办方，我一直怀揣着以"中国文化全球化、中国品牌全球化、世界文化与品牌全球展示"的梦想，不忘初心，带领欧马腾以"文化一带一路"推动者和中国品牌"走出去"平台建设者的姿态，一手沿着一带一路传播中国文化，一手把中国品牌展现于世界。

2023年下半年，我们也正式搬入了数字产业园区，园区面积10000平方，入驻的都是数字化展示产业链企业，打造数字化品牌展示区块链。欧马腾现已对全球各大展馆、场馆运营、流程熟练掌握，同时积累了丰富的全球会展资源库及数据库，信息涉及到全球106个国家和地区、42个行业，拥有超100万条展商、买家、协会、组织的活跃客户信息，将为会展组织者实现国际化，全球化，高端化的招商、招展，拓展合作伙伴方面发挥巨大作用。

展望未来，随着国家政策的持续性地大力扶持，会展业迎来新的春天。我也将秉持"展通天下"之愿，继续为实现中国梦、推动民族品牌全球化、带动民族品牌走向世界添砖加瓦，同时回馈母校，激励后辈，共绘辉煌篇章。

奋斗铸就梦想,热血救助贫困

——记江西欧尚园林工程有限公司董事长赵文扬

校友简介:

赵文扬,1987年3月出生,中国共产党党员、江西南昌人。他2007—2010年就读于景德镇学院;2011年任教于南昌航空大学附属中学,2013年白手起家创办江西欧尚园林工程有限公司,2019年当选南昌市青年企业家协会党组副书记执行会长。在创业渐有起色之后,他开始热心公益和慈善事业,持续多年捐助家乡困难学生和村民,在当地颇受赞誉。

破釜沉舟辞职创业

赵文扬出生在一个地势偏僻、家庭人口众多、劳动力极少的农村贫困家庭。他从小聪敏好学,凡事有自己的方法又不因循守旧。世代务农的他从不把心思放在作田务农上,一门心思想通过读书改变"面朝黄土背朝天"的命运。2007年高中毕业后,他成功考取了景德镇学院,跨出了多彩人生的第一步。

2010年11月,大学毕业的赵文扬,被南昌航空大学附属中学录用,开始在那里任教,成为邻居们眼中吃了"皇粮"的人。可在朝九晚五模式下工作了两年多的他,却想跳出这个"舒适圈",因为他认为现在农村更具有广阔的空间,更具有挑战力,更有可能回报家乡。于是,2013年他毅然辞去了安逸舒适的教师工作,回到了家乡,准备创办属于自己的公司。

可是,父母极力反对,声称"如若一意孤行将断绝父子关系",年迈体弱的爷爷奶奶也发出难以违抗的"最严"命令。那种"山雨欲来风满楼"的气势差点将赵文扬创业的热情浇灭。关键时刻,他使尽了浑身解数,沉着应对,耐心开导,终于说服了家人,创建了江西欧尚园林工程有限公司。

公司成立了,家人也说服了,但紧接着的就是最为棘手的资金问题。把全部家底都拿出来了却依然相差甚远,于是他又走亲戚、找朋友,甚至不惜高息借贷,才勉强让公司运行起来。

拼搏努力成就梦想

公司开始运行后,赵文扬全身心地投入工作,他走东家串西家,白天严格按照施工要求开展工程，晚上思考怎样才能不断扩大业务范围，提升业务成绩。创业期间，他们一家人几乎没有吃过一顿像样的饭，也没有给家里添置过任何像样的家具。

公司成立之后，陆续承接了一些重点工程。为了不断扩大公司影响力，以高质量获得工程口碑，他经常日夜奋战在工程项目上。例如，他日夜兼程奋战在小蓝工业园区迎富大道二工期连接 105 国道至雄溪河标段，高质量完成了小蓝一号变电站的土方工程；为了让地铁 3 号线早日通车，他每天工作近 20 小时。正是他对工程质量和工程进度的严格要求，让越来越多的人了解到江西欧尚园林工程有限公司。

就这样，公司慢慢有了起色，业绩也越来越好。可是，在业绩刚有起色时，人才匮乏和资金短缺仍然是公司面临的两大难题。为了破解难题，他一方面求助于老师和同事，请他们疏通渠道帮忙推荐和聘请能人；另一方面多次奔波于银行和政府相关部门之间，寻求资金方面的援助。

功夫不负有心人，人才匮乏和资金短缺两大难题得以解决，公司业务逐渐步入正轨，利润逐年提高。2013 年 8 月，公司注册资金为 60 万元；2018 年，公司注册资金达到 1 600 万元；2022 年，公司营业额已达 1.7 亿元。

他的拼搏精神感动了身边很多人，也获得了社会各界的认可。他先后接受了市、县电视台的专访，并先后获得县（区）"学习胡福全，做爱岗标兵"演讲比赛三等奖、第二届"南昌县青年五四奖章"、第九届"南昌市五四青年奖章"，还荣获南昌市第四届新时代"十大创业人物"、洪城创业故事汇"感动大使"等荣誉称号。

热心公益救助乡亲

从小学到高中，他的学费和基本生活费一直靠亲朋好友和社会的救济。因此，在特定环境中成长的小文扬，从小就立志要有所作为，报答好心人和社会的助学之恩。

终于有能力回报社会之后，赵文扬开始了他近10年的公益之路。从2013年8月开始，他先后帮助200多名下岗工人及贫困户子女就业。此后，他始终怀着一颗感恩的心，持续为家乡公益事业奉献自己的爱心。

2016年8月，在得知优秀环保车司机熊民荣家人黄思璐被烧伤后，他代表公司全体员工给熊民荣的家人送去了8 000元捐款；2017年1月，他参加富山乡举行的"点亮微心愿，传递正能量"微心愿圆梦仪式，给富山乡滩上小学的孩子们捐赠棉衣、书包、书籍等物品共计6 000余元，让孩子们感受到社会的温暖；2018年6月，参加了富山乡举行的人大代表、爱心人士慈善公益捐款仪式，为爱心公益协会捐助善款，用于全县建档立卡贫困户和脱贫群众后期因各种原因返贫的帮扶，以及其他困难群体的帮扶。

作为江西省南昌县富山乡的一名普通居民，赵文扬亲仁善邻，经常主动帮助邻里解决生活上的困难。逢年过节，他还常常自掏腰包，给小区里的贫困家庭和孤寡老人送上一些生活用品。此外，他还热心参与助老公益活动，关心老年人群，每年都要独自或带领公司员工去敬老院看望老人，给他们送去生活必需品和慰问金，再开展一些义务劳动，受到老人们的一致好评。2019年，他还自筹2 000元，购买生活必需品，走访慰问了富山乡10名生活困难的老党员。

2020年新冠肺炎疫情暴发后，赵文扬积极作为，动员过年回家的团员青年主动参加防疫工作，在他的发动下，共有20名青年到所在村口卡点进行24小时值守，担任疫情防控志愿工作。另外，他还发动自己的影响力，动员青年企业家积极筹措防疫物资，捐赠到防疫一线。在他的带领下，截至目前，南昌县青年企业家协会会员已给富山乡、广福镇、蒋巷镇、黄马乡、银湖管理处、南昌县人民医院等七个县级集中医学观察点送去慰问物资；捐献物资总价值超过80万元，得到南昌县红十字会的嘉奖和表彰，他的先进事迹被人民日报App推送至首页。

赵文扬以自己不懈拼搏奋斗的创业经历和无私回报社会的热血情怀赢得了社会的诸多好评和赞誉，获得第三届"昌南新乡贤"称号，连续几年获得了"优秀非公经济组织和社会党组织书记"的荣誉称号（公司党支部也被南昌县评为"优秀非公企业党支部"），获得南昌县"三风"榜样人物的荣誉称号；2021年9月，他被评为中国共产党南昌县第十四届列席代表；2021年10月，他被评为"南昌县第十七届人大代表"；2022年5月，他被评为富山乡"战疫先锋"，成为青年中的创业典型。如今，他在不断加快企业自身发展速度，在为地方经济与社会进步做出贡献的同时，也铸造着属于自己的多彩人生。

不忘赤诚心，守得梅花开

——记景德镇市御色陶瓷有限公司总经理胡泊

校友简介：

胡泊，1983年6月出生，原籍重庆市开州区温泉镇，2003年进入景德镇学院学习陶瓷美术专业学习，现定居景德镇。国家一级陶瓷技师，江西省工艺美术师，景德镇青年书法家协会理事，景德镇青联委员，景德镇十大优秀景漂青年。自幼热爱书法，在大学期间，胡泊开始跟随陶瓷书法名师和陶瓷大师修习书画创作，由景德镇陶瓷世家传承人传授瓷器制作工艺和釉水配制，既熟练掌握了各种制瓷手法，熟悉了釉性，又能独立把桩烧制难度系数最高的高温红瓷，还能绘画创作花瓶和瓷板作品，是景德镇培养出的新一代陶瓷全面性复合型人才。他曾有多项作品获得国家认可的奖项，现任景德镇市御色陶瓷有限公司总经理。

2003年，胡泊进入景德镇学院陶瓷美术专业学习，在校期间，和同学一起在新都民营陶瓷园创立了陶瓷工作室，一边学习一边创作。2007年，他进入江西省环球陶瓷有限公司工作，在北京传播陶瓷文化，即最早的哈哈尼（高科技、无毒无害的天然环保瓷土）。在北京，胡泊见到了很多领导和美术家，他们对其创作给予了肯定和赞赏。

胡泊高考前生活在一个美丽的乡村里，他从小就喜欢写字画画，在家人的支持下走上了艺术生之路。有别于机器的轰鸣和现实的烦躁，他的作品中带着乡村大自然的灵性，能表现天然的艺术造型，清新脱俗之感油然而生。

景德镇这座千年制瓷之城，从古时的官家制瓷大工厂演变成了全国陶瓷集散中心，世界瓷都，盛名远扬；陶瓷人能否扛起这面大旗，需要有很强的开拓精神和历史责任感。在这里，能找到本土的瓷器，也能遇见唐山、潮州、德化、佛山、醴陵等地的瓷器。也只有在这里，看到的是大街小巷的瓷器店铺，点燃了景德镇的万家灯火！

胡泊在这样的环境中，坚守初心，只创作景德镇本土环保健康类的高温瓷，实属不易。看似简单的一件事情，在做的时候往往会碰到很多堡垒。2008年，胡泊感到还是景德镇的艺术氛围适合自己，于是离开北京，回到景德镇，与同学一起创办了泊林艺术中心，从此正式开启了个人艺术职业生涯。

艺术家都有些不食人间烟火的气质，开在贫瘠之地的花固然美丽，但开在沃土之中的花更具有生命力，可以绽放出更绚丽的色彩。胡泊不是土生土长的景德镇人，作为一名景漂，一没背景，二没财力，创业对他而言是一条艰险的未知路。当然，这些在画家眼里都不是问题，他们是追求精神滋养的群体，认为其他东西都是生带不来、死也带不走的俗物。

胡泊是一位颇具实力的画家，2008—2022年，他已创立了古御、御色、御舌三个品牌，创作出的高温红瓷也已小有名气，得到很多人的喜爱。创业，有个人的才华展示和毅力拼搏，也有贵人的另眼相看和倾囊相助，一路遇见的都是人生风景。

2008年，景德镇废弃很久的雕塑瓷中出现了一个大学生创意集市（乐天陶社），就是这颗种子开始改变景德镇，为景德镇陶瓷界的莘莘学子铺出一条条崭新的路，也为景德镇本土陶瓷在世界各地产出瓷器的重重包围中带来了一道曙光。艺术从业者得有埋头创作的精神，心血之作也需要得到市场的认可，这才能给他们提供不断创作的动力。胡泊就抓住了这次机遇，他将作品烧制出来后，最初是在创意集市上被人陆续被买走的，那个阶段他做的都是一些容易上手的陶艺。

只创作本土环保健康类的高温瓷，一般的类别易做，好的类别既难出又极具成本，且工序繁多。景德镇制瓷师傅按工序收费，而且都只会其中一两道工艺，专业精深，属于最早的分工协作流水线作业。这种方式大大提高了瓷器的生产量，适合批量化制作生活瓷器，但不利于艺术作品的创作。一件好的瓷器，从瓷泥—坯胎—釉水—绘画—烧制—成瓷—营销等，每个环节都是很重要的，景德镇大部分师傅要么会做坯胎不会画画，要么会配釉不会做瓷器，要么会烧窑不会工艺，要么会销售不懂瓷艺……胡泊花了近20年时间来学习制瓷的每个环节，这才成长为精通每道工艺的手艺人。

2009年，胡泊在创作一些陶艺作品的基础上，还为景德镇一些有名的大师创作高温颜色釉花瓶和瓷板，大师们在这些基础上再手绘烧制成艺术瓷。这段经历，练就了胡泊对艺术价值的理解，也为后期创作艺术瓷奠定了基础。

他在2010年开始生产高温祭红茶具系列，在2012年才得到人们的认可，订单爆满，经常两窑同时烧制。祭红瓷成品率不高，定价低，辛苦一年，还不如给别人打工赚钱多，话虽如此，但制瓷经验千金难买，祭红是御色的转折点。之后，胡泊辗转于各个博物馆，又做出了成本高的郎红、美人醉、洒蓝和青花釉里红手绘器皿，正应了景德镇自古流传的那句谚语："没有金刚钻，别揽瓷器活"。但是，胡泊是乐在其中的，只要开窑时能出几件发色上好品，就开心得像个孩童，总是嘱咐大家，千万别给我把这几件卖了，得留着。

"这件不能卖，那件不能出"，胡泊的这句口头禅众所周知。现在，一些经销商直接问胡泊，哪件不想出，我们高价收走便是。这么些年下来，他也没几件上好品留下来。

胡泊选择的创作方向属于挑瓷器类别中最难啃的骨头，做的每种颜色都是不易发色类的，他总是抱着能自我收藏的心态制作每一件瓷器。像"要想穷就烧红"的铜红釉（郎窑红、祭红、美人醉、釉里红、豇豆红等），失传多年的洒蓝（又名雪花蓝）釉，品类繁多的蓝釉（祭蓝、墨兰、元兰）等都一件件面市。胡泊是不屑于弄虚作假的，所以从他手上出去的瓷器只有发色好不好的问题，没有真不真的烦恼。选品即人品，选料就保真。

醉心于创作的胡泊，性格孤傲又单纯，执着的精神促使他烧制出了不少精美的瓷器，但也让他前期创业阶段好几年处于三餐不饱的状态。世界上有那么多人，景德镇有那么多手艺人，也有那么多创业青年，能够从中脱颖而出的肯定是具有才艺又耐得住苦寒的人。

胡泊平时节衣缩食，对瓷器却出手大方，他可以只吃馒头，拿出所有积蓄购买原材料制作瓷器，日复一日，不断将资金投入研发中。天道酬勤，他的努力渐渐显现出成效。

他2013年开了御色长虹金域中央店，2014年开了御色国贸店，2015年开了御色陶艺街店，2018年开了御色新都店，2019年拥有了御色自己的厂房并打造了御色的陶瓷展厅。在此期间，他在宁波和青岛两个地区开设御色专卖店，全国加入御色的代理商也在逐渐增多，御色的团队一天天壮大起来。2021年，胡泊又重拾画笔开始手绘青花釉里红花瓶和瓷板画作品的创作，为御色艺术生活瓷（茶具、文房、餐具等）锦上添花。

艺术家都是心高气傲的，能够让他们为了生计制作接地气的大众产品，也是为了某天能专心于艺术世界，创作出真正值得收藏的艺术品。从胡泊身上，我们看到了他的蜕变，如何把一片荒地开发成沃土，滋养他后半生的艺术生涯，爱艺术终其一生的决心值得学习。"吃得苦中苦，方为人上人"，艺术家不追求名利，但力求让作品尽善尽美，给收藏者的灵魂注入精气神，需要一番寒彻骨，只有活到老学到老，才能闻到梅花香。

坚持努力，不畏艰辛

——记誉林控股（深圳）有限公司总经理崔永健

校友简介：

崔永健，1984年6月出生，江西横峰人，祖籍江西上饶，2006年毕业于景德镇学院，现任誉林控股（深圳）有限公司总经理。誉林控股（深圳）有限公司是一家集研发、生产、销售、服务于一体的专业高档办公家具制造企业。公司立足深圳，辐射全国，专注于甲级写字楼办公家具市场，服务于20多家上市公司企业总部及国企、央企、事业单位等；为它们打造人性化办公空间，致力于为实现企业愿景——永续经营，成为最佳的办公家具企业而努力奋斗。

艰苦创业，不断进取

在校期间，我学习的是国际贸易专业，2006年毕业后到深圳打拼。当时想找一份符合自己专业的工作，在机缘巧合下面试上了一份家具销售工作。工作期间，我非常开心，公司待遇好、氛围也好，销售经理手把手地带我，从来不会觉得"教会徒弟，饿死师傅"，这有助于我快速地了解这个行业，也学到了很多沟通技巧、为人处世的道理。通过不断深入学习研究，我从职场小白成长为职场高手，开单快速，体会到了合作成交的喜悦。在工作中，我看到了写字楼市场的广阔，看到了未来中国办公家具市场的巨大需求。不甘于平庸，想让自己的人生过得更精彩，于是我毅然选择自己创业，打拼自己的一片天地。深圳的快速发展以及对自主创业的大力支持，给予了我很大的发展空间。

创业之路从来都不是一帆风顺的，在创业路上，口水是武器，汗水是代价，泪水是学费，一路走来跌跌撞撞。刚出来打拼的时候，有的客户对我不信任，也不放心，也遭受过很多白眼，但自己从来没有想过放弃。印象特别深刻的是与某上市公司洽谈的宿舍家具项目，通过不断地沟通出客户的痛点，呈现自己产品的卖点举证和客户见证，并且表达出自己强烈的合作意愿，获得了客户的信任，促成了这笔合作，这是我出来创业成交的第一个大单。在与客户谈合作时，我表达出自己最大的诚意，站在客户的角度思考问题，急客户之所急，真诚待人、诚实守信、质量至上，获得客户的信赖才是关键。通过老客户的介绍，以及我们的不断挖掘，新客户源源不断，生意逐渐拓展。

栽得梧桐树，自有凤凰来。2007年，我看到了百度互联网获取客户的商机，在原老板的帮助下，把握住这个机遇，实现了自己的创业梦想。2007—2010年，与老板合伙经营，担任销售部及网络部经理，通过百度互联网获取客源，白天出去跑客户，晚上回来设计方案、推广、竞价等。顶着30 ℃的大太阳，三个月磨破一双皮鞋，用自己的双脚丈量过南山区和福田区的每一栋写字楼。合伙经营的4年间，积累了大量客源，提升了能力，组建了一只专业团队，于2010年正式成立了誉林控股（深圳）有限公司。

16年来，我从未质疑过自己的选择。我坚信，只要一个行业做久了，就会成为这个行业的专家。感谢创业路上遇到的贵人：我的亲人、朋友、同学、客户，他们给予我非常多的帮助与支持，我们一起交流、探讨、合作。同时，我在2015年和校友一起组织了景德镇学院深圳校友会，为大家搭建沟通桥梁，凝聚深圳校友力量。

深耕细作，笃行致远

公司12年来一直专注于中、高档时尚办公家具的制造及专业整体办公空间、环境的规划等，先后服务于都市丽人、中青宝、新侨国际学校、万科、特发、深物业、华侨城、民生银行、中国人寿等知名企业。

公司出售的"Ulion"牌产品在多年的市场竞争中始终坚持"品质是根本"，严格把关，确保产品质量稳定，品质优异；在产品款式设计方面不断开拓、创新，同等的价格，给客户提供最好的品质和最好的服务。始终坚持诚信、尊重、责任、严谨、激情、创新的价值观，始终坚持绿色环保、客户至上，实现客户、员工与企业共赢的经营理念。公司获得了社会各界的认可，被中国名牌产品培育委员会认定为"绿色环保产品",被深圳市江西商会认定为"优秀会员企业";公司获得了职业健康安全管理体系认证证书、质量管理体系认证证书、环境管理体系认证证书等。

寄 语

（1）选对行，专注于行，坚持于行，你就成功了百分之九十。

（2）专业是一个人在一个行业的立身之本。正所谓"业精于勤而荒于嬉"，若想要立足行业，拥有更多选择的机会，一定要打下良好的基础，同时利用更多的时间精进专业知识。

（3）无论做什么，态度都要端正。你的努力也许有人会讥讽，你的执着也许不会有人读懂；勇往直前，不因害怕失败而不敢放手一搏，相信时间会带来惊喜，只要我们肯认真、肯努力、肯拼搏。

（4）品行是一个人的内涵，做人德为先，待人诚为先，做事勤为先。有才有德能成事,有德无才能误事,有才无德能坏事。言行一致，正确对待别人，做到豁达包容；正确对待社会，做到乐观向上。

（5）不断丰富生活。选择一到两个自己喜欢的社团，丰富大学生活，提升社交能力，拓展人脉。要知道真正步入社会时，人脉就是钱脉，即使你是千里马，也需要伯乐。

（6）抵制诱惑。不要因为大学的环境自由而放纵自我，面对诱惑要有很好的自制力，才不会虚度光阴、荒废青春。

尽可能地生活，把蓝图"造进"现实

——记景德镇市鹰眼文化传媒有限公司、景德镇匠人
科技有限公司负责人刘强

校友简介：

刘强，男，出生于1994年，江西吉安人，景德镇学院2018届校友，景德镇市鹰眼文化传媒有限公司执行董事，团十八大代表，市青联委员，景德镇青年企业家协会监事长，2017年创办了景德镇市鹰眼

文化传媒有限公司，是一家专业视频服务供应商，在立足影视事业的同时，为客户提供全案策划、新品发布、形象设计、新媒体营销、企业整体形象宣传片制作、网络直播、会务活动视频整体包装、产品推广宣传片、影视广告、品牌微电影等全方位服务。

2018年，他作为江西省代表赴北京参加了共青团全国第十八次代表大会。他荣获2017年全国大学生创业训练营优秀营员；2017年获景德镇市TOP10瓷都青客（景漂青年）；2016年获江西省优秀团员；2016年获"创青春"全国大学生创业大赛江西赛区三等奖；获江西省首届互联网+大学生创新创业大赛银奖；获第十四届"挑战杯"全国大学生课外学术科技作品竞赛江西赛区三等奖；获第二届中国App大赛江西省赛区三等奖；2016年获江西省"三下乡"暑期社会实践活动优秀个人称号；曾任职2015届社团联合会主席，2016届校学生会主席……

他嘴角时常带着温暖的微笑，站在讲台上发言时眼睛闪闪发亮。

他是景德镇市鹰眼文化传媒有限公司、景德镇匠人科技有限公司负责人。

他叫刘强，是景德镇学院机械与电子工程系2014级汽车服务工程本科班的一名学生。

"现在是脚踏实地干实事的时代了，不仅要埋头干事，也要抬头拉车。"他常用这句话勉励别人，也勉励自己。

为进一步凝聚"景漂"力量，展示现世界各地热爱瓷都的青年在景德镇这片热土追寻梦想的精彩历程，2017年，景德镇开展了十大"景漂"青年评选活动，他作为唯一一名大学生入选。

这样一个既不平凡又平凡的大男孩一直奉行并实践"有情怀，有格局，有担当"这三个原则。

在他的身上，我们看懂了"努力"的含义。

2006年，他的父亲发生了交通事故，左腿粉碎性骨折，肇事司机还逃逸了，这个噩耗让家里蒙上了一层阴影，治疗费花光了家里的积蓄，而且爷爷患有高血压和胃病，需要常年吃药，让这个贫穷的家庭雪上加霜。为了减轻家里的负担，他从初中时期便开始创业。他的第一个项目是暑假在路边卖矿泉水，那时候乡镇在修公路，因为施工不便造成堵车，烈日当空，他便背起矿泉水向司机们兜售，虽然晒伤了，却为自己换来了下个学期的学费、父亲的一双皮鞋以及母亲的一块手表。

什么都略懂一点，生活更多彩一点

金秋九月，他只身一人，来到瓷都景德镇，这里是他人生的新起点。进入大学后他便加入了景德镇学院学生会、社团联合会，各类学生活动中都能看见他的身影，或以参与者、指导者、管理者三种身份存在，就这样，一个初见腼腆的男孩慢慢内心变得足够强大。在学生活动中积累的经验，让有创新、敢于尝试的他和其他几个小伙伴开创了团委新媒体中心——景院青年，并带着它走向全省甚至全国的平台。在繁重的学习时间之余，他兼顾学习和工作，出色地完成了各项工作，获得了大家的一致好评，在2016年竞选成为景德镇学院2016届校学生会主席。一分耕耘，一分收获。大学三年里，他获得校奖学金，第十四届"挑战杯"全国大学生课外学术科技作品竞赛江西省三等奖等奖项。他说："我很享受忙碌的状态，当有人问我'你到底为什么那么忙'的时候，我心里非常清楚，我很喜欢这样的生活。"

认真做事的人，运气总不会太差

他入大学时偶然接触到无人机，经过观察、翻阅资料，发现无人机飞行控制系统并不完善，这让他萌生了一个想法——制造飞行控制系统。但就读汽车服务工程专业的他对通信一无所知，学校也没有多少教师有无人机相关的知识经验。初生牛犊不怕虎，敢于尝试的他通过网络和去图书馆借阅书籍自学，在"闭关修炼"半年后，终于开发出了无人机系统最重要的模块——飞行控制系统。

"在网络上有看到航拍校园的视频，我想我们学校也可以出一部类似的宣传视频。"于是他给自己组装的无人机装上摄像头，拍摄了一部关于学校的航拍宣传视频，在校内引起了轰动。有了这次的经历，创业的种子在他心里生根。

随着知识储备得越来越多，想法也越发成熟，他想通过无人机来创业，并把自己的想法写成了几十页的项目计划书。在一间狭小的房间里，和团队成员一起做项目，吃外卖、熬夜、无休假是他们的常态。走在这条漫漫创业路上，他的努力也终于有所收获，在参加江西省首届"互联网+大学生创新创业大赛"时，他的项目《鹰眼无人机》得到银奖，而回到学校后，他并没有因此而兴奋，而是开始琢磨怎么才能让自己的项目落地。

大二下学期，学院领导知道他的事迹之后，主动帮扶他创业，给他提供创业空间，在这样的一个契机下"鹰眼工作室"成立。工作室对外业务主要以平面设计、视频制作为主，也承接专业PPT的制作任务。不到半年，他培养并壮大了自己的团队，那时景德镇市正在举办微电影大赛，他带领自己的团队准备拍摄一个景德镇的宣传视频。为了拍摄，刘强暑假大部分时间留在学校，每天待在工作室奋斗，那段时间，他的生活枯燥极其乏味。他笑笑说，只要下定决心，就不会放弃。最终，他挺进了前二十强。

在参加第三届"赢在江西"青年创新创业大赛时，面对社会上众多的杰出创客，他挺进108强，接受了团江西省委组织的为期一个星期的创业培训，那时，导师一对一地对选手的项目进行打磨，导师耐心的教导及认识那么多优秀的伙伴，使他对自己的创业之路更加有信心。

他还参加了2016年"创青春"全国大学生创业大赛，获得了江西赛区三等奖；获得第二届中国青年App大赛江西省三等奖等奖项，时任团江西省委书记曾萍同志在景德镇调研中认真听取了他的项目介绍，并对他的创业项目和创业精神表示了肯定。

另外，他还入选了由团中央举办的2017年大学生创业训练营，他在训练营中表现优异，被评为优秀营员，他所带领的团队被评为优秀团队。当问及获得荣誉感受时，刘强表现得很平静："关于命运，命是定好的，运却要靠自己争取。"

在任何一个地方，都能找到一片适合自己的土壤

他的事迹在校园中广为流传，在大二暑假时参加完学校组织的大学生暑期"三下乡"实践活动后，他注册成立了景德镇市鹰眼文化传媒有限公司。

他心怀感恩，认为要是没有国家的好政策，创业之路就不会这么一帆风顺，于是，他在学校招募实习生，免费给学弟学妹培训，让他们用公司昂贵的设备练手，带他们做项目。第一期招募时，就有一百多人报名，而且有学生选择留在公司勤工俭学，利用课余时间赚取了生活费，既强化了专业技能，又积累了工作经验。另外，他还用现金或物资赞助学生活动，尽自己的一份力量。

2018年，他在毕业典礼上捐款10万元供设立景德镇学院创新创业奖学金使用。

道虽迩，不行不至；事虽小，不为不成。他无论当学生干部，还是创业青年，都从每一件小事做起，从点点滴滴做起，而且勤于学习、努力钻研、不断进取。他坚信，今日的努力必能换取明日的幸福。

他说："我期待接下来五年的这段时间，我完全可以再辛苦一点，再拼一点。"

他有一颗勇往直前的心，他愿意去闯荡，他愿意去探索。未来，也许道阻且长，但最终定会前途明朗。

艰苦创业志难挫

——记景德镇罗恒创意设计有限公司创始人罗恒

校友简介：

罗恒，1979年11月出生，江西景德镇人，景德镇学院2000届校友，现任景德镇罗恒设计事务所主理人及景德镇罗恒创意设计有限公司创始人。2019年，他创办了景德镇罗恒创意设计有限公司，它是一家国内资深的集产品设计、策划、影视后期制作及产品落地打样和生产为一体的公司，善于输出品牌全案，擅长将产品与东方文化相结合，针对细分市场并推出合适的品牌战略方案。

不惟有超世之才,亦必有坚忍不拔之志

罗恒在校期间学习的是陶瓷美术设计专业,曾担任班长一职。他不仅学习成绩优异,专业能力突出,日常生活中也积极帮助老师开展各项活动,帮助同学解决专业及生活上遇到的种种难题。在学校的栽培、教师的悉心教导下,罗恒不仅积攒了丰厚的专业知识,还习得了将设计理论落地到实践中去的能力,也为未来进入社会进行创业奠定了非常扎实的基础。

2000年,在北上大潮的趋势下,刚刚毕业的罗恒孤身一人毅然北上,开始自主创业之路。创业初期的困难可想而知,在北京的那段日子里,他身处异乡无依无靠,北京生活的快节奏差点压得人喘不过气来。初来乍到的罗恒没有人脉,没有资金,也没有经验,在住宿极其艰苦的环境下,独自生活在这个举目无亲的城市,但是为了自己的创业梦想,他在心里默默告诉自己,必须坚持下去!对于一个身在他乡的创业者来说,不仅需要有敢于面对创业中的坎坷,甚至创业失败的胆量,还要有能忍受艰苦的创业环境的耐力,更需要有明确的方向、坚定的目标和持之以恒的决心。创业过程是艰辛的,也是孤独的。

罗恒在这个举目无亲的异乡举步为艰,但他并没有轻言放弃,反倒更加坚定了自己的目标。

2004年,历经千难万险后,罗恒对那时的市场进行了分析,最终看准了快销品行业的产品设计,决定就此开始自己的创业生涯。于是这一年,他在北京成立了自己的第一家公司。在此期间,罗恒为许多初创企业设计了很多标示性很强的产品,还为同仁堂、清华紫光、自然堂、韩束、美即、屈臣氏等一些目前非常知名的企业提供了非常多

优秀的产品设计服务。同时为这些公司在创业路上提供了支持与帮助，也为这些企业拓展了销售渠道，打开了产品销路。

在北京漂泊的日子，转眼就是 14 年。在这 14 年里，罗恒曾多次参加国内学术交流及设计活动，他所设计的产品也荣获国内产品设计诸多奖项。就像苏轼的《晁错论》中所说的"古之立大事者，不惟有超世之才，亦必有坚忍不拔之志"一样，自古以来能成大事的人，不仅要有超凡出众的才能，更要有坚忍不拔的意志。

以酒会友交天下朋友，用心处事结四海豪杰

2014 年，罗恒又独自来到上海，在上海高诚集团担任设计总监一职，开始为茅台、五粮液等知名企业进行产品设计。在任期间，他培养了一支勇于创新的设计团队，而团队中每个成员的能力不同、想法不同，作为领头人的他更要有海纳百川的心胸和把控全局的管理能力，这些都是他们团队成功的关键所在。

在上海高诚集团工作期间，罗恒为茅台汉酱、王茅、五粮液等诸多知名品牌的产品提供了独特而优秀的设计。同时，在与各知名酒企业接触的过程中，罗恒了解了许多的酒文化，并对酒文化产生了更深层次的见解"以酒会友交天下朋友，用心处事结四海豪杰""把酒言欢谈生意，云游四海广交友"。这也让他更加明确了未来的设计方向，下定决心做中国酒类包装品牌设计，以酒会友，广交天下。

返乡创业，振兴家乡

2019 年，在家乡景德镇进行大发展的时期，罗恒毅然决然离开上海回到家乡，创办了罗恒设计事务所。在景德镇大发展的大环境下，他深深地感受到这里非常缺少国内一流、国际化的产品设计，也希望

自己回到景德镇以后，可以为景德镇的振兴及景德镇陶瓷行业的发展贡献一份自己的力量。于是罗恒决定，将陶瓷与酒类包装相结合，溯源东方文化，从中国传统文化与西方设计理念等领域中汲取灵感。通过将东方文化与酒类包装结合的方式，赋予酒类包装以深厚的东方文化底蕴。

刚开始的时候，罗恒设计事务所既缺少人才，又缺少业绩经验。此时的罗恒想到了多年的老同学，盛情邀请他来到公司共同创业，而这位老同学听完他的规划后二话没说便答应了。虽然创业环境非常艰苦，但创业者们不畏艰苦、共同奋斗，在公司不断发展的过程中，通过与多家酒业公司的合作，公司的业务范围逐渐扩大。经历了数个成功项目的经验积累后，不仅提高了公司的设计水准，还极大提升了公司在产品设计行业的竞争力与影响力。随着公司影响力的逐渐扩大，罗恒与多家酒业领域的知名企业多次进行合作交流，为这些知名酒企业提供了更加专业、更加富有文化底蕴的产品设计服务，而罗恒所提供的设计服务也获得了业内的一致好评。

如今，景德镇罗恒设计事务所的服务对象已经遍及全国，公司的核心客户为茅台、五粮液、钓鱼台、国台、习酒、泸州老窖、华致酒行等全国各地的多家高端酒企业。景德镇罗恒设计事务所创办至今已荣获中国之星设计奖、中国酒业最佳产品创新奖、中国包装创意设计奖、A′Design Award奖及最美酒瓶设计奖诸多奖项。同时，公司在遵义酒业协会会员单位中担任副会长。期间，公司曾多次与当地政府合作，积极举办多个全国性的设计大赛。在返乡创业、振兴家乡的同时，罗恒不忘师恩、不忘母校的栽培，回到母校担任景德镇学院客座教授一职，向当代高校的学生讲述自己的创业历程，传授创业经验，让学生能够通过自己的创业经历，在未来的创业道路上少走弯路。创业成功的他不仅积极为景德镇的高校培养了更多优秀人才，还为景德镇向世界输送更多优秀设计人才做出了贡献。与此同时，他还以身作则，教导学生要不忘桑梓、反哺家乡，不要忘本，要记得自己来自何处，生于何方水土。在往后的日子里，他依然会持之以恒，为家乡发展汇聚力量，为建设美丽家乡添砖加瓦，为开拓创新与持续发展景德镇陶瓷文化继续努力奋斗。

踏月追寻古瓷之美

——记"青匆艺集陶瓷文化中心"负责人孟铃烁

校友简介:

孟铃烁,1997年11月出生,河北邢台人,现任"青匆艺集陶瓷文化中心"负责人、江西省文艺学会陶瓷文化艺术研究专业委员会副主任委员、珠山区马鞍岭景漂工会委员会主席、景德镇学院创新创业学院客座导师,荣获"艺术品高级鉴定评估师""青少年博物馆教育推广人"等称号,入选"景德镇市3+1+X产业人才"。他的工作室被教育部公布的首批中华优秀传统(陶瓷文化)传承基地授予"孟铃烁陶瓷文化传承创新工作室",并被景德镇陶瓷非遗保护协会授予理事单位。出身于陶瓷艺术设计的他,创作设计的作品先后被新华网、人民资讯网、中国青年网、中国江西网、江西日报、中国商报、江西省电视台、中国陶瓷频道等20余家媒体报道。

2016年,孟铃烁第一次来到景德镇这座古老的南方小城,进入景德镇学院开始了自己的大学生涯。2017年,怀揣梦想的他注册成立了"青匆艺集陶瓷文化中心"(以下简称"青匆")。毕业后的他,决心依托景德镇深厚的传统陶瓷文化历史与浓厚的陶瓷艺术氛围,留在景德镇成为一名"景漂",正式开始自己的创业之路。发展至今,"青匆"已成为集陶瓷文化传播、陶艺研学及陶瓷文创产品设计等一系列项目为一体的初创型企业,同时与多家陶吧、景点等建立合作关系。目前团队成员有7人,主要由陶瓷设计、工艺美术、文物与博物馆学、雕塑专业的青年大学生组成。多年来,孟铃烁带领"青匆"立足于景德镇,深耕景德镇千年陶瓷历史文化与艺术,始终坚持并专注于将其现代化、生活化,让中国传统文化在世界绽放,让中国的艺术再次闪耀世界。

走进孟铃烁的工作室,映入眼帘的便是摆放在桌面上各式各样的古陶瓷残片。这些都是他在景德镇各个古玩市场与民间收藏家手中淘来的"宝贝"。数年来,他在景德镇已收藏了数万片的古陶瓷残片。透过古老而斑驳的瓷片,孟铃烁向我们讲起了自己的创业之路。

少而好古,与瓷结缘

每个人都有属于自己的广阔天地,当你发现自己的那一方乐土时，就像一块石头散发光芒，蜕变为天上的星辰。而孟铃烁，很早便找到了。

孟铃烁的父亲是一位出租车司机，母亲是医院的一名医生。童年时期，父母因为太忙而无暇照顾他，是爷爷奶奶陪伴他度过了这段时光。他的爷爷是邢台红星汽车厂的一位工人，时常给他讲述发生在这片土地上尘封千年的各种传说。受此影响的他自小就对各种各样稀奇古怪的"老物件"产生了浓厚的兴趣，四五年级时就频频流连于古玩市场。那时，家境普通的他看到喜欢的物件，就算几个星期不买零食，也要攒出零花钱买下来。

随着年龄的增长，收藏"老物件"渐渐成了他生活的一部分，平日里经常去古玩地摊搜集各种"奇珍异宝"，在他的家里，摆满了整个房间的"宝贝"。为了解历史和鉴定知识，他还经常去书店、图书馆借阅书籍回来研究，逐渐积累了很多传统历史文化的知识。

2016年，孟铃烁考入景德镇学院陶瓷艺术与设计专业，开始了他的大学生涯。初来乍到的他对这座古老的南方小城里的一切都充满了好奇。有一次参观博物馆时，他见到了景德镇出土的古陶瓷文物，上面那些历经百年而不掩其熠熠生辉的精美图案让他大受震撼并为之折服，自此与景德镇陶瓷正式结缘。不上课的时候，他便去景德镇的各家博物馆参观，遇到问题就翻阅相关书籍与资料，8月的景德镇那蒸笼一般闷热的天气也没能挡住他探索的步伐。另外，他还频频拜访学校文博学院的教授，问他们请教各种问题。随着对陶瓷的认识与理解逐渐加深，为了便于学习理解，他又开始收集各式各样的古瓷片。

随着对古陶瓷文化知识越发深入了解，在大一时，孟铃烁开始尝试通过自己所学及对陶瓷的理解，设计创作一些作品并在景德镇的各个集市上售卖。在这段时期里，他成立了自己的工作室——青匆。

为了积累创业经验，他报名参加学校组织的各种创新创业赛事类活动，经常为了写出好的创业计划熬夜奋战。那时的他并没有把自己的创业想法和行为告诉父母，随着时间的推移，他在这方面投入的时间也越来越多，遇到一些实际问题时，回到寝室总是彻夜未眠，反复思考着自己能否顺利度过这段最艰难的时光。

"家人创业是否支持？如果不成功，未来的路该如何走？"回想起这段时间，孟铃烁记忆犹新，意志坚定的他最后还是坚持走下去了。在 2018 年，他获得了景德镇学院首届十佳大学生创新创业标兵，并荣获第三届"中国创翼"创新创业大赛暨江西景德镇首届"创领美好"创业大赛优秀奖。同年，他的个人团队项目"流淌的金泥"获得"黑猫杯——创领新时代，创新新瓷都"哇陶创新创业大赛三等奖；同时，该项目还在景德镇学院"互联网+"大学生创新创业大赛暨江西省大赛选拔赛中荣获三等奖。

以瓷为根，在景创业

时光如梭，大学生涯圆满结束后，孟铃烁决心留在景德镇成为一名"景漂"，正式开始了自己的创业之路。

毕业后，不同于大部分初出茅庐的大学生，他对自己的未来有着清晰的规划。他先是注册成立"青匆"工作室，并拉来了几个志同道合的同学一起组成创业团队。他将自己多年来收集的古陶瓷残片进行分类整理，公开面向海内外各界人士展出，在传播景德镇陶瓷艺术与中国传统文化的同时，也提高了自己的知名度，为此他又成立了"青匆古瓷标本馆"（以下简称"标本馆"）。

随着时间的推移，"标本馆"的知名度也越来越高，他开始对外开展传统陶瓷历史艺术的相关学术研究讲座与研学活动。2019年，为了寻求更多合作与更好发展，他带领团队入驻景德镇三宝湖田书院，他的"标本馆"也一并搬迁到这里。这段时间正值孟铃烁创业上升期，与多家陶瓷文化平台、景区单位建立了密切的合作关系。他还邀请了邢窑非遗传承人张志忠来景德镇举办"走近邢窑"专题讲座。

2021年，他被中国青年报授予"全国大学生创业英雄百强"称号。同年，他还被母校景德镇学院聘为学校创新创业学院客座导师，向学弟学妹们讲述创业故事，传授创业经验。另外，他还在学院领导的牵头带领下参与校级创新创业项目《瓷印东方——古法制瓷技艺开拓者》的创作工作，助力学院项目在第七届中国国际"互联网+"大学生创新创业大赛中成功进入决赛，荣获国赛铜奖。

（图为孟铃烁在古瓷片展厅）

第一部分　优秀校友创业故事

（图为孟铃烁在交流论坛上演讲）

（图为孟铃烁带领学院团队荣获国赛铜奖合影）

不忘初心，回馈社会捐赠工运资料

2021年年中，时值中国共产党成立100周年，孟铃烁决定将自己多年来收集的有关这段历史的百余件藏品捐赠出来，让更多的人了解并体会那段峥嵘岁月，珍惜今天这来之不易的美好生活，向历经百年风雨建立了中华人民共和国的中国共产党致以敬意。

谈起捐赠工运资料的契机，孟铃烁回忆起陪伴了他整个童年的爷爷。正是由于爷爷的启发，他开始对这些老物件、老奖章背后的故事感到好奇。强烈的好奇心驱使着他凭借自己有限的能力查阅各种资料、询问他人，可以说孟铃烁的收藏爱好是在爷爷的无意引导下形成的。

2016年，孟铃烁带着大学录取通知书来到景德镇后，除学习上课外，他收藏的爱好也没落下。课余的时间里他经常穿梭于景德镇的各个博物馆与陶瓷古玩集散市场。

景德镇从古至今作为以手工业为主的城市，工人阶级与封建手工业主始终矛盾重重，其斗争历史最早可以追溯到明代中后期。从明清时期开始直至民国时期，这座古老的南方小城发生了无数次的工人罢工斗争事件。尤其是在近代史上，随着革命的脚步声而愈演愈烈。中华人民共和国成立后，景德镇大刀阔斧地改革陶瓷生产体系，兴建了多座陶瓷国有企业，如赫赫有名的"十大瓷厂"正是这一时期的重要产物；景德镇也因此而遗留了大量见证有关过去瓷业工人斗争的历史遗物与旧址，这让孟铃烁欣喜若狂，大量收集相关资料和历史遗物。随着收集量的与日俱增，他对景德镇过去工运历史的了解也越发深刻。为了让更多的人了解铭记这段历史，不忘初心，珍惜今天的美好生活，孟铃烁毅然决定将数年来收藏的反映中华人民共和国成立前后工人阶级运动历史的珍贵历史遗物（共计130余件，包括30余件长期借展藏品）捐献给珠山区总工会。在得知此消息后，景德镇珠山区总工会第一时间即给予回复，为他提供场地与经费专供展览这些珍贵的历史遗物使用。经过数月的装修后，"珠山工运资料陈列室"在2020年年底正式对外开放。

（图为陈列室内场景，陈列室自开展以来已多次接待参观来访，受到了参观者的一致好评）

挖掘历史，复原传统，融会贯通，探索新方向

2021年一次外出时，孟铃烁偶然看到一篇介绍明清时期在景德镇形成的陶瓷行业组织——三窑九会的介绍资料。对于这个历史组织，孟铃烁在过去的收藏历程中也曾听闻，因此读后顿觉如获至宝，在工作之余便开始收集相关的文字资料。

三窑九会是明代时期由旅景都昌籍瓷工所组成的商业行会性质的组织。在景德镇的历史中，三窑九会涵盖了景德镇过去陶瓷烧制与陶瓷圆器行业所有品种的生产，经过数百年的发展演变，形成了一套完善的行业运行规则。其在景德镇的历史中扮演着极其重要的角色，在景德镇数百年的制瓷业发展中有着相当重要的历史作用；在中国陶瓷史、古代工商业史上，发挥了重要的经济活动纽带作用，留下了浓墨重彩的一笔。

但由于从一开始形成，三窑九会就是民间自发组成，在发展的过程中也并未受到政府的直接干预，因此，其并没有正式的官方历史记载，仅在晚清民国时期记载景德镇风土人情的书籍中有只言片语的记述，这给收集恢复带来了很大困难。于是，孟铃烁就去拜访还在世的有着数十年陶瓷行业从业经历的一些陶瓷老艺人，向他们请教关于三窑九会当年的产业规模和当年其所生产的产品器型、尺寸等问题；还向他们求证复原的三窑九会当年所生产产品的设计图是否准确。通过这些途径，他逐步完善对三窑九会的历史发展脉络和产品器型等的研究。

（图为孟铃烁拜访景德镇传统烧窑技艺国家级非遗传承人胡家旺，请教关于三窑九会的历史问题等）

眼看资料越来越多，他想到将这些复原的器物设计图与现代审美观念有机结合，在复原的基础上结合现代设计思维来研发既具历史文化底蕴，又有当代陶瓷工艺、生活美学设计的产品。他试想通过深入发掘三窑九会的历史，复原其生产的部分陶瓷产品。让人们认识了解到这些普通的陶瓷器皿背后的文化内涵，并由此深入了解当年这些器物的制造和发明团体——三窑九会，将陶瓷艺术、历史文化、民风民俗等以产品为载体呈现在人们面前，让景德镇在文化输出、历史输出、饮食输出等方面开辟新的市场。

结　语

"人生的意义不是放在橱柜里、口袋里的现存物品，它要我们自己去寻找，不是一次性的寻找，而是多次伴着一弯残月或一丝星光去寻找……"

在景德镇的这些年，孟铃烁经历了太多困难，而让他坚持下来的正是自己对陶瓷文化的热爱与传承历史文化的担当。正是由于这份对历史、对文化、对未来的深刻思考与见解，他始终相信自己的选择，相信成功终会到来。创业固然不易，但是通过孟铃烁的创业经历，我们可以看到坚定信念、努力拼搏，建立正确的发展方向。所谓"有志者，事竟成"，便是如此。

用设计赋能生活,以作品记录时代

——记深圳市深文装饰设计工程有限公司董事、深圳市盛堂设计顾问有限公司创始人盛思民

校友简介:

盛思民,1985年11月出生,九江修水人,景德镇学院艺术学院2006届毕业生,现任深圳市盛堂设计顾问有限公司执行董事/创意总监,深圳市深文装饰设计工程有限公司董事,深圳市建筑工务署专家

评委，深圳江西设计会长，并被授予"金堂奖十年卓越人物""深圳最具影响力设计师""大中华区酒店会所十佳设计师""深港杰出设计师"等荣誉称号。他的作品"空间榜样"项目在CCTV2播放，曾在新浪、腾讯、深圳市装饰网、设计本、A963、现代装饰、南方都市报、饰家爱家客等多家媒体刊登发表。

盛思民经营的深文集团经16年的发展壮大，已蜕变为以地产精装、办公总部、文化空间为主的一体化解决方案服务企业，目前旗下品牌有盛堂设计院、深文工程、优品装配，通过中高端室内空间项目的优质服务，以深圳为核心业务区辐射全国，与卓越、招商、华侨城等众多品牌企业合作。

从赣鄱柴桑来，在时代中绽放

提起盛思民，便不得不提起他的家乡：江西九江修水。盛思民出身于九江境内著名的"诗书望族"。祖辈代代相传的文化基因，让他自幼耳濡目染，很早便"觉醒"了对绘画艺术的天赋与热忱。身为"80后"的他，兼具传统士族的底蕴与个性化追求。他的成长经历简约而不简单，他这样评价自己："将爱好作为事业，是我获得创作激情的原动力。"

2006年，大学毕业的盛思民追随兄长的脚步，投身特区，创立深文装饰，他的设计思路传承经典又不墨守成规，擅于对空间实用性与艺术性的平衡。无论是商业地产、酒店空间，还是文化展馆、私人住宅，盛思民总能给出妥帖的空间设计方案。"商业设计者必须注入自己的思考，赋予空间以更深层、更具文化内涵的品牌价值与人文传递。"从金领假日公寓、招商观园别墅、皇城地产办公楼等知名住宅、地产

IP，到深圳文博会艺术馆、龙华区道德馆等文教场馆，各式各样的项目均出自他的手笔。风格的"千变万化"，成就了他的作品"万紫千红"。

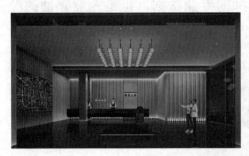 

（深圳光明御棠上府售楼处）

走出"办公室"，绘制新画卷

对于今日的成就，盛思民谦和地说："我赶上了'关键20年'。"他分析称，国内装饰设计"20年历史"分为三个阶段：2006年以前的"装潢"时期、2006—2016年的"装饰"时期与2016年至今全面到来的"装配"时代。整个行业消费市场对品牌、环保、美感的需求比重逐次上升，设计师由"跑龙套"升级为"唱主角"，其作用前所未有地凸显出来。

2016年，在装配时代拉开大幕的同时，盛思民推出"以设计驱动服务"的自有品牌——深圳市盛堂设计顾问有限公司（以下简称"盛堂"），这是盛思民对人生的一次再"设计"，盛堂坚持所有服务均以设计为核心，以创新为原动力，建立了从立项到落地的完整产业"生态链"，构筑了以商业空间、文化空间、住宅空间与整体软装为代表的四大业务板块。

对于盛堂模式的建构，盛思民进行了深刻而且透彻的思考。他戏称设计师的工作是"在三个鸡蛋上跳舞"。开发商、使用者与施工方的考虑各有侧重——这就要求设计师必须探讨总结各方的核心需求,在"实用"与"艺术"、"理性"与"感性"、"舍"与"得"中实现平衡。平衡之道,是盛思民作为设计师的专业法则,也是企业领袖的经营智慧。

而对于落地执行,盛思民形象地将盛堂式工程比作"搭积木"模式。设计方案出炉后,绝大多数前期工作将在盛堂工厂完成,再通过专门物流系统"打包"运输到目的地,现场进行"模块化"组装拼接,无尘无噪声,健康环保。

盛思民认为"设计师不该是'空中楼阁'的建设者。只有走出办公室,学习、了解工程,才能为客户的需求精确服务,达到空间价值与实用的双重实现。"不止如此,盛堂设计在物料选择、细节管理上均坚持严格底线,对健康的重视不亚于对艺术的精研考究。

在第一个五年内,盛堂已与卓越、招商、华侨城等众多一线地产商达成合作,并服务过深圳教育报刊总社、星光达珠宝、五谷芳餐饮等各行业知名品牌。盛堂目前已成为大湾区建筑室内EPC的优质供应商,拥有40余位经验丰富的设计师团队,致力于高水平的细节和创造性,通过对空间、材料、色彩的探索,以及当代与历史、建筑与自然、图形与直觉的并驱,公司在每个空间中都有丰富的体验,并不断创新,一切都是为了设计出我们想要的美好生活。

(深圳星光达珠宝办公总部)

续写"春天故事",饮水不忘乡梓情

盛思民说过,自己最满意的案例,永远都是"下一个"。若一定要说比较有纪念意义的,莫过于2020年深圳市国贸大厦旋转餐厅室内改造项目。作为"三天一层楼""深圳速度"的代名词,深圳市国贸大厦,俨然是改革开放以来深圳的地标性建筑。位于其顶楼的旋转餐厅,也是中国最早、最高的旋转餐厅,浓缩了特区的历史、深圳的荣耀。作为湾区的新生代设计师,盛思民责无旁贷,担起了为国贸大厦旋转餐厅推陈出新、继往开来的室内改造大任。寻找灵感的途中,那首《春天的故事》在他耳边蓦然响起……

"今天的特区人,不正该为改革开放谱写崭新的篇章吗?"回忆起当时的情境,联想几十年来光辉历程,盛思民依然心潮澎湃。他的笔尖在纸上谱出华丽的乐章,最终方案即定名为"续写'春天的故事'"。

2020年9月,全新"换装"的国贸大厦旋转餐厅恢复营业,其展现的"东意西境"设计手法,融汇国际化装潢思考,结合现代化新中式风格,高端舒适而不失历史厚重,倍受各级领导赞誉与广大市民好评。盛思民主笔的"深圳国贸大厦顶层旋转餐厅"获得了"中国十佳餐饮空间设计作品"之称。

(深圳市国贸大厦旋转餐厅)

2016年年初,盛思民作为联合发起人,在深圳市江西商会领导、前辈们的支持鼓励下,汇聚众多设计同仁,牵头成立深圳市江西商会设计产业分会(前身为"深圳·江西设计")。成立大会上,他众望所归,荣任会长。他坦言:"为江西设计人助力,建设赣深设计领域的共通共荣,就是我的家乡情怀。"

设计分会秉承"奉献、平等、分享"的宗旨,以实现在深圳设计从业者的知识分享、资讯共享为目标,最终带动设计行业整体水平提高,促进设计从业者素质的提升。设计分会作为平台,汇集数百家在深赣商企业资源,初步组建了协会自有产业链,实现了在深江西设计领域整体"爆发式"的增长。

回顾盛思民校友与深文集团一同成长的近16年商海历程:一个人、一个团队、一件事、一个目标、一致步调、一幅蓝图,正所谓"东方欲晓,莫道君行早,踏遍青山人未老,这边风景独好!"在这个人人信奉"选择大于努力"的时代,他将"只问耕耘,不问收获"奉为座右铭,这种精神值得每一位学子努力学习!

只问耕耘,不问收获
盛思民
2021.09.11 于深圳

人生不言失败，34 岁中流砥柱

——记水流星陶瓷文化传播有限公司董事长钟忠

校友简介：

钟忠，1988 年出生，江西景德镇人，毕业于景德镇学院。

2010 年在景德镇筹备的天育陶艺用品有限公司现已成为全国陶艺设备领域的领军品牌，2014 年注册的水流星陶瓷文化传播有限公司现年产值达到 5 000 万元左右，稳居陶艺行业首位。

水流星线上销售额已经连续 5 年蝉联在陶艺类别中占据成交第

一的宝座。在陶艺设备研发领域拥有多项发明专利，尤其是电窑炉和拉坯机方向。同时，其被全国多所高校聘请为陶艺设备顾问，并在景德镇水流星总部设立陶艺培训基地，为全国输送了大批陶艺人才。

几经周折后，我们终于见到了这位有着"浪里小白龙"之称的学长钟忠。他少年读书时被同学们戏称为"景德镇学院吴尊"，而立之年的他仍有着一股年轻时的蓬勃朝气和与年龄相符的成熟稳重。他用一口流利的景德镇方言向我们娓娓讲述自己曾跌到谷底又爬起来的人生经历。他告诫我们：人生是漫长的，面对挫折，不要灰心丧气；人不能知足常乐，需要为自己的理想和野心付出。他的个人经历就是"有志者，事竟成"的最好例证。

少年好学好读书

2005年，钟忠被景德镇学院录取，成为景德镇学院的一名大学生。他说："我的校园生活很简单，读书就是为了追求自己的理想，一点不含糊。"他是一名美术教育专业的大学生，在拥有美术教师资格证，还努力学习管理学，对陶艺耗材、窑炉设备等也非常感兴趣，在晚上宿舍熄灯之后还翻看《科学管理原理》《经济与社会》《陶瓷窑炉实用技术》等书。由于管理学和陶瓷窑炉技术十分精妙，他慢慢体会到砌筑窑炉设备、挑选陶艺耗材的技能是何等博大精深，值得用心钻研。

准定位谋发展

2008年毕业后，钟忠去厦门进厂实习，之后转战天津的中通快递，那一年他22岁，对未来充满期待，幻想自己能在物流行业创造奇迹。后来，他回到景德镇开启了首次创业，加盟中通快递，租下一间面积为50平方米的小仓库，干起了物流。钟忠回忆说，做物流的时候起早贪黑，有时候中午甚至吃不到一口热饭，他亲自骑着快递车开始在各大街巷送快递，亲自给快递分类、扫码、编号，甚是辛苦。

  2010年，他发现电商行业蓬勃发展，有小芽苗长成参天大树的趋向，想着"年轻人不该这么庸庸碌碌满足现状。"他果断放弃物流行业，投身进电商行业，开网店较流行，而且成本低、风险小。一开始他都是去陶瓷商品作坊里进货拿到线上卖陶瓷成品，再后来，他又卖陶艺设备和陶艺耗材。渐渐地，只卖陶艺设备和陶艺耗材，不卖陶瓷产品。因为后面他发现规模太小，而自己野心太大，想要更进一步发展，不甘心就此止步。于是从2011年开始，他自己设厂生产和研发窑炉设备，想着有自己的工厂，自己掌握货源渠道，自己设计陶艺设备耗材，将创业规模最大化，拥有了面积为400平方米的厂房。而在大学时养成的勤读书、多读书、读好书的好习惯给他的创业带来了莫大的帮助。

  2012年，天育陶艺用品有限公司成立。烧窑是陶瓷制作工艺流程的一个关键环节。而要烧出好瓷器，火候、窑温非常重要。钟忠说："现在市场上的电窑、汽窑产品很多，有的虽然价格低，但质量并不是太好。"根据市场需求和现在的一些产品特点，钟忠成立了集研发、生产、销售于一体的景德镇市天育陶艺用品有限公司（以下简称"天育陶艺"）。

创新创业赢市场

  2014年，天育陶艺开始涉及陶艺设备耗材与陶艺培训项目。景德镇人不卖陶瓷产品，让很多人不理解。然而，钟忠对此却有一番独到的见解。他表示，景德镇是世界瓷都，这里不仅有深厚的陶瓷文化，陶瓷产品更是随处可见，论质量、论品牌、论价值，根本竞争不过其他商家。通过对比，他找出了自己的优势和不足，于是开始专营陶艺设备和耗材。

2015年，他的水流星陶瓷文化传播有限公司成立。办公区与厂房已经区分开，而厂房也已达到1 000平方米，与昔日的50平方米小仓库相比有天壤之别。通过卖陶艺设备和耗材，再加上客户的信息反馈，钟忠决定办陶艺教育培训班。公司开始涉及陶艺培训项目。"我在大学里学的是美术教育专业，再加上2000年教育部颁发的《九年制义务教育全日制小学美术教学大纲》指出，有条件的学校可增加陶艺的教学内容，市场还是比较广阔的"钟忠说。于是，他整合了公司的陶艺设备生产及培训项目资源，与多所学校、幼儿园、陶吧建立长期合作关系。

2016年，钟忠邀请同为景德镇学院学子的郑家海学弟加入水流星共同创业。当时的郑家海因想成为一个陶艺家成立自己的工作室而稍有犹豫，钟忠便说："创业就是一条不断遇到问题、解决问题的路。我们得坚信自己心里的'梦'，再结合实际不断作出调整与修正。不要羡慕别人，也不要照搬理论，更不要妄自菲薄，我不强求你的加入，每个人都有不同的机遇，适合自己才是最好的。"郑家海一听，心想陶艺的界限不必分得如此清楚，在陶艺公司或许能成为更全能的人才，于是果断加入水流星这个大家庭并工作至今。

母校合作规划

2021年是水流星高速发展的重要时期，在陶艺教育中，人才的储备与培养是关键，钟忠希望以设立"水流星"奖学金为契机，加强与母校在人才培养、就业创业、成果转化等方面的合作。学院一直高度重视校企合作工作，双方立足地方，弘扬景德镇陶瓷历史文化，以传播陶瓷艺术、推动陶瓷艺术的创新为己任，形成合力优势互补，真正把产学研融入人才培养的全过程。钟忠针对母校校友提供以下福利。

（1）建立校企合作，如景德镇学院学子购买产品有专属折扣。

（2）设立"水流星"奖学金。

（3）搭建大学生创新创业基地，如为做毕业设计的学弟学妹免费提供场地、工具和耗材，应届学子进入水流星实习可优先录用等。

寄　语

谈到对学弟学妹的祝福与勉励，钟忠总结了以下四点：

（1）大学首先要完成基础课的学习，不能抱着"及格万岁"的态度混日子。踏实的学习态度与开放的思维方式是成功的关键。除扎实的专业知识基础外，还要拓展其他更多的可能性，为未来的道路奠定基础。

（2）优秀的时间管理。只有向拖延症说"不"，才能完美地达到生活与学习的平衡。学与玩的有机结合才能促进大学生活的健康稳定发展。

（3）扩展自己的知识面，紧跟时代发展的脚步。在弘扬中华传统文化的同时，紧跟时代的潮流，博览群书，让自己的眼界得以开阔，心胸得以舒展。

（4）经营自己的社交圈，与优秀的人成为朋友，学习他们，少走弯路，所谓"近朱者赤，近墨者黑"，我们应时刻谨记，一个优秀的朋友能给自己带来的人生转变是不可忽视的。

最后，他说："景德镇学院的学生踏实、扎实、不浮夸，这是我们的优势，而在社交能力、开放的思维上有所欠缺，同学们要多结交优秀的朋友，给自己的朋友圈注入新的能量，只有这样，才能不断进步。"

以匠心精神铸工艺之光

——记浙江易盛工艺品有限公司负责人饶金波

校友简介：

饶金波，1984年11月出生，江西修水人，2006年毕业于景德镇高等专科学校。家境普通的他毕业之后和千万的学子一样，投身人才市场寻找工作。教导员说过"先就业，再择业"。于是他很快就融入社会生活。在工作中，他寻着前人的脚步，始终秉持"干一行，爱一行"的原则热爱本职工作。

我的第一份工作是在一家工艺品公司，从事工艺品设计，一做就是三年。在这三年就业中，我从一个行业小白，一步步做到设计部负责人，年薪也从入职时的 3.6 万元提升为 10 万元。在三年的工作中，我非常认真刻苦，不仅学会了怎样做好一名产品开发的设计师，还学会了怎样带领团队。当时我在想今天的每一滴汗水，都将是在为蜕变成更精彩的人生而挥洒。

毕业三年后，我就萌生了自己创业的想法。2010 年，我毅然决然地投入自主创业的浪潮中。2010 年，公司注册成立，作为一个没有家庭背景，仅有几万元存款的我，要去投身一个启动资金至少 50 万元的项目，要资金没有，要团队没有，要客户也没有。我唯一有的就是自信，一颗不怕输的心。自认为专业能力与那些积累的人脉关系，给自己的自信，自信是当时敢于背负着从亲戚朋友处借来的十几万元现金，还有从银行借来的 30 万元贷款勇往直前，追逐梦想的动力。

创业的项目与我前一家公司的性质一致，外贸出口产品的生产与制品。因为我也不懂其他的，只对这个从事过的行业有工作经验，而且在当时看来这个也是比较有前途的行业，所以我坚定地选择了工艺生产与制造行业，销售方式主要为外贸出口，客户主要来自欧美等发达国家。我的故事没有太多传奇，只是芸芸众生里的一位而已。创业是很艰辛的，传统的实体行业更加如此，在当时也一样。那就是一片红海，竞争非常激烈，要想分得一杯羹必须付出比其他人更多的艰辛。每天挥汗如雨，身兼数职。只为减少一些开支，降低一些成本，把钱花在刀刃上。因为我很清楚，这是破釜沉舟的一战，只能成功，不许失败。金钱我是输不起的，如果这次失败了，再想借钱，银行也不可能借给我。我唯一能输的就只有几年的青春，青春是我编织梦想的权力。在充分自我分析了这些之后，给自己定下了"三个坚持"——坚持信念、坚持梦想、坚持到底，走出自己的人生道路。

曙光初现，我历经忙碌充实的 10 个月，从开发样品、开发客户、参加了两届广交会，花费 40 多万元，创业资金也所剩无几了，在捉襟见肘的时候，终于迎来自己的第一位客户。我记得很清楚，他来自北欧国家瑞典。他给的第一个订单的金额是2万美元。接到订单，这对于我来说是非常令人振奋的消息，自己的努力得到了客户的认可。很快就冷静下来，盘算着怎样顺利地完成产品的生产与出货，祈祷不要出任何问题，在各方面处处小心谨慎的情况，产品是生产出来了，质量也过关，但在其他地方还是出问题了。这个订单最终还是做亏了。

辛辛苦苦一年，50多万元的创业资金也花完了。2011年，几经周折又借来几万元。一方面是要偿还银行的利息，另一方面是想让自己的公司活下去。通过第一年的积累，第二年客户就慢慢多起来，几乎每个月都能收到客户的询盘与订单。2011年的销售突破了300万元，除去全年开支，最终算下来有30万元左右的利润。前提是我自己两年一分钱的工资都没有领过。综合起来，不但一分钱的账没有还上，一分钱工资没有领到，还亏了20多万元。在此期间，我也动摇过，也想过放弃，又或是改行。兄弟的一句话"做哪一行就要在那一行沉淀下去"让我坚持下来。在经历这生存关键的两年后，我清晰地记得有一个年长的企业家朋友开玩笑时说过的一句话"上辈子造了孽，这辈子搞企业"。话是糙了一点，但经历过的人真的能有此体会，确实太不容易了。

经历了前两年的生存考验，才有了后面的稳健成长。到了2012年公司成立的第三年，步入了稳定的发展期。公司年营业收入达到了360万元，年利润为40万元。三年过去，我基本还清了所有外债。这也正应了那句话"创业至少要经历三年，三年后才能走上正轨慢慢赚钱"。

2013年，他的生意正在向好的方向发展，但哪有一帆风顺的，一个关系非常好并且合作了3年的荷兰客户，他利用我对他的信任欺骗了我，9月30号下午，他用一张5万多美元的假银行付款水单，骗取了我们的电放提单。因为跨境汇款有2天的时差，当时没有在意，直到十一假期结束,公司账户都没有收到这笔 5 万多美元的回款。追问后才知道他是骗了我们。30 多万元的货款,那几乎是公司前年的利润,又化为乌有。接下来的几个月,我们与客户一直沟通无果,也想到起诉,在联系律师后才知道,这种跨国官司,诉讼费、文件费、差旅费都很高,要打这个官司起码需要再投入 15 万元。在当时对我来说这个费用很高,然而还不能保证胜算。因为客户收到货后主动权在他手上,不出所料,外国人也有无赖的,耍赖的方式也让自己长见识了。说货的质量有问题,运输破损很多,客户投诉等,最终他还列了一个清单出来,要求我方赔付他 60 多万元的损失。多方衡量之下放弃了起诉,只能认栽。社会很单纯,人心很复杂,在生意场上更要多一个心眼。也许这就是人生,哪有一帆风顺。这些成为成长的必经之路,人常说经历是用钱买不到的,当时我在想"经历真的是用钱买回来的"。在交了这么多学费后,做生意也学聪明起来。最终是 4 年的创业,挥洒了汗水,收获了艰辛,还清了欠款,养活了自己,仅此而已。在外人看来你大小是一个老板,都以为你赚钱了,实际当时的苦只有自己知道。想想还不如打工,如果我还在打工,这么多年下来存款也得几十万元了,可生活没有如果,既然选择了这种生活,含着血与泪也要咽下去。在遇到坎坷与挫折的时候都在默默告诉自己,一定要坚持下去。你不仅是自己的希望,还是全家的希望,如果你倒下谁来撑起这个家。

　　经历了这些事之后,我也慢慢地成长起来。2014—2017 年,我给自己定下一个原则:不求冒进,只求稳健,稳中求进。公司进入平台期,在步步为营的时期也没有积累到财富,这几年也是解决温饱、解决公司的生存与发展问题,并重新定位产品、细分客户。但通过这么多年的积累,客户更多了,市场做开了,产品线更丰富了,工艺技术更成熟了。拥有了这些内在条件,对于公司后期发展储存了至关重要的能量。

2018年至今公司进入了发展的快车道,营业额逐年上升,营利能力也稳步上升。各方面的人员也逐步完善,拥有了产品设计部、国际贸易部、电子商务部、生产部。公司现有员工30多位。现在公司年营业额为1 500万元左右,国内外客户200多个,客户遍布欧洲、美洲、亚洲、非洲。每年都会为不同的客户开发有针对性的新产品。在这种日新月异的时代,我深知只有不断成长才能保持长足的发展,只有不断创新,才能立于不败之地;只有富有工匠精神,才能获得认可。

公司在发展的过程中,也经历了国际金融危机、疫情等外部环境的考验,一直以来都保持着稳健的发展。在稳中求进的今天,也一直有一个地方在我脑海中回绕——景德镇。

景德镇是一个匠心精神的铸造地,十年如一日地传承着这种精神。在景德镇求学期间,学校的校园文化,专业课上导师的指导,无不在培养着学生们匠心精神。现在我也践行着用匠心精神经营好自己的企业,服务好自己的客户,铸造自己的品牌。以做一个小而精的公司为宗旨,做出自己的特色,打造出自己在客户心中的认可度。不要求高大上,只求小而精。执着于做好自己的每一件产品,做好每一件小事,对员工负责,对客户负责,对产品负责,让公司更加优秀。在把公司经营好的同时,尽量做到有能力尽量回馈社会,做一家有温度、有爱心、有社会责任感的企业。

在此,感谢学校多年的悉心教导,也感谢学校给予我这次机会,让我分享创业经验,我没有华丽的语言和传奇的故事,字字纯真实朴,句句呕心沥血,希望我的分享能帮助正在创业路的同学们。我也忠告创业路上的朋友们,创业的制胜法宝就是"坚持不懈,持之以恒"。

心中有光,脚踏实地,坚韧向前,
终能看见美好

——记洲升CHAU·RISING品牌联合创始人郑伊娜

校友简介:

郑伊娜,生于1986年8月,广东潮州人,2008年毕业于景德镇学院外语系英语教育专业。2017年4月,她和毕业于北京服装学院针织设计专业的刘超颖及另外两位服装行业资深前辈共同创立了洲升

CHAU·RISING品牌，现任深圳洲升服饰实业有限公司总经理。洲升CHAU·RISING赋予羊绒独特的灵魂，品牌通过明亮的色彩和夸张的设计手法，撕掉羊绒"传统老气""打底衫"的标签，为年轻人打造属于他们的彩色针织品牌。目前，洲升已有销售网点330多个，覆盖北京、上海、广州、深圳、成都、重庆、昆明、贵阳、杭州、武汉、南京、太原、青岛等100多个城市。该品牌还参加了上海时装周、中国国际时装周官方动态走秀，2021年6月参加了CHAU·RISING×Neith Nyer巴黎时装周的官方大秀，推出的产品也得到海内外众多时尚达人的喜爱。

干一行爱一行

郑伊娜在校期间学习的是英语教育师范专业，但从小希望在外闯荡的她，毕业后只身来到充满朝气和活力的深圳，开始了自己的职业生涯。她还清楚地记得，2008年5月7日是自己来到深圳的第二天，这一天刚好奥运火炬传到了深圳，她在罗湖人才市场拿到初试通关单后出来，深圳的主干道路和核心道路早已人山人海，很多道路甚至暂时封控。在无奈之下，她步行了两个多小时才到正常运转的地铁口，最后赶上了下午到应聘单位的复试，经过两轮复试筛选，也是在当天下午直接拿到了这个公司的录取通知。就这样，她很奇妙地进入了服装行业。

郑伊娜回忆说，她觉得自己很幸运，在走出校园的第一份工作，就遇上了很棒的职场导师，她的领导，也可以说是师傅，在工作中教会她严谨的工作态度和敏锐的市场洞察力，让她明白任何梦想的实现，都少不了看似平凡的每一步努力，千里之行始于足下，人生之路没有像自动扶梯那样的便利工具，只能依靠自己，一步一个脚印地前行。于是工作的第一年，她一边猛补行业专业知识，一边虚心向公司的前辈、工厂的师傅学习并进行实操。那时公司经常会看到一个小身影流窜在不同的岗位上，边学习边帮助其他同事处理工作上力所能及的事情，所以第一年她每天基本只休息3~4个小时，工作到凌晨是常态。有时晚上不敢一个人回家，就在办公室睡一晚，第二天一早回家洗漱完又回来继续上班。郑伊娜开着玩笑说，可能因为那会年轻，几乎感觉不到疲惫，反而觉得很充实美好。就这样，两年里三连跳，成了公司最年轻的高层，在羊绒服装行业板块一干就是八年。八年的时间里，她学会不盲从、不嫉妒，自信、勇敢、真诚、坚毅，保持学习的态度，并经常走出自己的舒适区审视自己。也因为这样，她从职场小白，一路到肩负公司的核心重要岗位，从销售到市场，从商品到渠道运营管理，她马不停蹄地穿梭在全国各地不同城市的核心商圈了解市场、了解终端店铺，以便更好地把工作做好。这也为她后面经营自己的品牌打下了坚实的基础。

自从融入服装这个美妙的圈子，就一发不可收拾。所以，当既是好友又是曾经的"战友"——刘超颖女士问她要不要一起做一个打破传统的品牌时，她毫不犹豫地只说了一个字"做"。当时她因为各种原因，已经离开原有的公司半年多了。脱离服装圈的半年多，让她更加坚定自己对于服装行业的热爱。于是，在与刘超颖女士谈话后，她把自己的房产质押，然后和伙伴们一起创建了洲升。那时候她就想，不管一路上有多少酸甜苦辣，这都将会是她和她的伙伴们挚爱的事业！

道阻且长，不曾畏惧，把"为"(to do)变"成为"(to be)

洲升是2017年6月才开始启动的独立设计师品牌，名字中的"洲"拥有江、河、湖、海、山川等形态，山为川，海为水，针织的纹路像灵动的海水；"升"，就是寓意日出东方，冉冉上升。郑伊娜和她的伙伴们创业之前，一直在传统的羊绒行业耕耘，深知以前的羊绒针织制品已无法满足当下年轻人的穿着需求，所以设计出适合年轻人穿着的羊绒衫，是创立品牌的初心之一。另外，羊绒被称为天然纤维中的"软黄金"，全世界原绒产量的85%来自中国，顶级的阿拉善细白绒更是95%以上产自内蒙古阿拉善地区。这些顶级的纤维大部分都输出给了国外的奢侈品牌。所以，郑伊娜和她的创始伙伴创建洲升的原动力还有一份难以割舍的行业情怀。创始团队想用奢华的钻石级的纤维，做有别于传统风格的彩色先锋羊绒，融入时尚生活，让世界看到中国不仅有好原料，还有好设计。

创业的初期总是充满艰辛和质疑，尤其是做一个没有行业对标的品牌，一切都是摸着石头过河。郑伊娜回忆说，第一季产品制作出来后，她带去拜访一些行业前辈，有些人看到后嘲讽说年轻人不知天高地厚，瞎折腾，把羊绒这么高端的材质做成这种风格的产品，年轻人谁买得起。每当面对类似质疑的时候，她总是笑一笑不予回应，回到公司只把积极的信息反馈给合伙人，鼓励大家坚持做自己。她始终相信创始伙伴的专业度，她认为，作为品牌的联合创始人和主理人，就是要毫无保留的彼此信任支撑，把后背交给对方，只要设计合伙人设计出来，生产合伙人能做出来，她就只做一件事——怎样才能更好地把产品销售出去。

创业5年多以来，从2017年最初的被质疑，到成为上海时装周的新起之秀；从零到品牌快速发展而又遇上疫情反复后依然持续增长，郑伊娜和她的创始团队一路用格外的努力，去做成他们想象的样子。虽然道阻且长，但她不曾畏惧，披荆斩棘，不忘初心，一步一个脚印地把"为"（to do）变"成为"（to be）。

郑伊娜说过，洲升目前还是一棵尚需茁壮成长的幼苗，在成长的路上，一直非常注重环保，秉承可持续时尚的发展理念，渗透在日常的点滴工作中。

第一部分　优秀校友创业故事

可持续时尚

设计/理念环节

洲升CHAU·RISING从创立品牌开始，就一直推崇"可持续时尚"的理念。洲升始终从品牌精神、产品设计到生产制作等多方面去探索环保的可能性。在设计过程中，洲升始终坚持可持续理念，制作中把所有试片、废片拆解，用于修补和绣线，研发实验后剩下的实验片，在完成研发使命后，用于艺术创作，希望能够持续产生更多无限的价值，充分尊重每一克原材料的稀有和珍贵，将它们回收利用，传递着洲升品牌对于可持续时尚的追求，努力成为一个既有温度态度又有爱的品牌。

艺术作品《续》是羊绒可持续时尚的延续，也是洲升团队精神的延续。

用破碎布料结合公共座椅进行的创作

用破碎布料结合靠枕进行的创作

创客青春——景德镇学院校友创业案例集

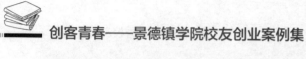

可循环公益行动

洲升从2021年开始已经深入我国第七大沙漠——内蒙古库布齐沙漠种植绿色植被，修复生态环境，复绿沙漠……

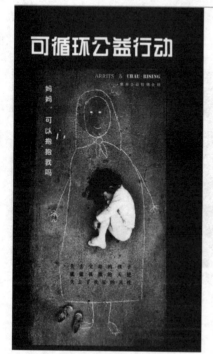

洲升CHAU·RISING X ARRITS 以奇思妙想的创意和巧手，唤醒旧毛衣，焕新后的毛衣进行"义卖"，寻找新的归宿。拍卖后的款项将放到捐赠箱，与顾客朋友的爱心捐赠一起，为孩子们添置入冬衣物和文具等，从而传递温暖。

感恩景院，寄语景院

回顾自己在景德镇学院（以下简称"景院"）的大学时光，郑伊娜侃侃而谈。大学期间，她既是班级干部，也是校学生会和社团的骨干。她觉得自己进入职场时一些好的工作习惯和开放的思维方式雏形大部分是在大学的学习和学生会工作中培养锻炼出来的。现在回想起大学的生活，郑伊娜依然激情澎湃，因为在景院遇到了诸多的良师益友，指引她学会平衡学习和活动的时间，学会多维学习并付诸实践。在这个广阔的天地里，她既可以汲取知识，又可以自由翱翔，去参加任何自己感兴趣的社团活动，有好的方案也能得到老师的支持去创造和组织。感恩景院为学生们提供了这么绚丽而又有意义的平台。

谈到想对母校学弟学妹说些什么，郑伊娜总结了四点：

（1）不骄不躁，脚踏实地，持续保持学习。大学里首先要扎扎实实完成基础知识和专业技能的学习，不要因为暂时一点点的成绩就沾沾自喜。

（2）有开放的思维，学会统筹规划平衡好学习和课外活动。融入社团是锻炼和提升书本知识以外能力最好的舞台。

（3）积极主动，机会永远青睐有准备的人。不要计较自己是否比别人多付出了一点，你的每一分努力，最终最大的受益人是自己。

（4）学会团结和包容，有凝聚力的团队作战是通往成功最有效的捷径。

她说，景院的学生有活力、踏实肯干，这是我们的优势。真正塑造人格的并非天资和学历，而是所经历挫折和苦难。每个年轻人都是世界上独一无二的存在。

自强不息,砥砺前行

——记深圳市西林电气技术有限公司董事长万同山

校友简介:

万同山,江西进贤人,1999年毕业于景德镇高专物理系应用电子专业,现任深圳市西林电气技术有限公司董事长兼总经理,景德镇学院校友会广东分会会长,中国储能领域"储能匠人"100人,深圳市科协节能委员会专家,拥有多项国家发明专利。

景星麟凤，奋发图强

70年代末，我出生在江西进贤小乡镇，从小学会做事要勤劳务实，做人要本分善良，但我也深知，在农村那年复一年、日复一日，面朝黄土背朝天真的不容易，从而立下志愿，一定要通过勤奋好学，努力考上大学，从农村走向城市。

德才兼备，风雨兼程

90年代初，到县城读中学，十年寒窗之苦至96年高考，被录取到景德镇高等专科学校，拥抱着景德镇这座历史悠久，文化底蕴深厚的特色城市，我非常珍惜，在大学期间刻苦学习，担任班干部，积极参加各种社会实践活动，大学老师们如同兄长，亦师亦友，不但教会了我们的专业技能，锻炼了我们矢志不移、坚韧不拔的意志，同时还培养了我们谦虚谨慎、为人正直的优良品德。

2000年初，学业有成，心怀梦想，南下深圳，在一年时间内，我适应了深圳这座城市的快节奏，经过思考，找准定位和方向，很快结缘于电力电子，电气自动化行业，从事硬件电路研发工作，一路来，不畏艰辛，任劳任怨，几乎每天都在学习，三年时间，发展到中高层管理岗位，让我不但钻研技术，也开始有了些经营思维，正是这段打工经历，让我得到快速成长，为未来创业打下了坚实的基础。

镇定自若，卧薪尝胆

新世纪之初，中国加入WTO世界贸易组织，全国各地正处在高速发展时期，特别是在经济特区深圳，处处都充满机会，于是在 2006 年初，我正式开启创业之路，创办了西林电气，主营业务变频器，伺服驱动器，光伏储能逆变器等系列产品，这期间，我和企业骨干不断加强创新，优化管理，提高综合竞争力，扛过了创业初期九死一生，度过了几次金融危机，战胜了三年新冠疫情，不断克服贸易冲突的影响，创业之路，虽然艰辛，但更能体现价值，因此必须自强不息，砥砺前行！

高新技术，以人为本

作为这家高新技术企业的领头人，面对全球同行业的竞争，必须保持着清醒的头脑，时刻保持着创业的热情，带领公司员工一起努力拼搏，求实创新；我深知，企业的竞争不但是产品的竞争，服务的竞争，归根到底更是技术的竞争、人才的竞争；公司秉承着凝聚人才，尊重人才，不拘一格，人尽其才的理念，通过各种渠道吸引优秀人才，特别是加强与高校之间的合作，共同培养并源源不断地输送更多的人才，促进公司快速发展，做大做强！

专精特新，志在千里

通过近 20 年的发展，如今西林电气——SINOVO，已经在国内工控领域中有了一定的立足之地，但要行得更稳，走得更远，还是要不断突出专精特新的优势，提高公司竞争力，做到全方位地替代进口产品，随着国家制定的一带一路大战略，把握好机会，走出国门，迈向国际，为中国从"制"造强国走向"智"造强国贡献一份应有的力量！

"奋斗者 正青春"
用爱照亮乡村孩子的未来

——记全国教书育人楷模、全国三八红旗手、最美教师程风

校友简介：

程风，女，出生于1989年，中国共产党党员，现任江西省上饶市鄱阳县莲湖乡四望湖小学校长，2011年毕业于景德镇学院英语教育专业。她用信念扬起乡村教育的风帆，从山区到湖区，从教学点到村完小，从产房到课堂，耕耘一方沃土，守住一片蓝天，书写新时代乡村教育新风尚。她先后转战三所农村薄弱学校，带领每所学校都发生巨大变化。她让山区学校从无人入学到无人外流，撑起一村人的希望。

她让孩子在家门口就能享受优质教育，致力于乡村教育的薪火相传。她用实际行动号召身边更多的年轻教师主动投身偏远乡村。

2019年9月2日，她入选"中国好人榜"，获得"敬业奉献好人"称号。

2019年9月，她荣获2019年"最美教师"称号。

2020年7月23日，她入选2020年度全国教书育人楷模。

2020年10月，她被授予2019年度"全国三八红旗手"荣誉称号。

一位乡村女教师，能量究竟有多大？

她倾尽全力，挽救了一所濒临关闭的学校，让学生人数从17名增加到120多名；

她信念坚定，为了改变乡村教育面貌，无怨无悔到最需要教师的地方去；

她心系父老乡亲，调离时当地村民集体挽留，回来时大家热情相迎；

……

她就是鄱阳县莲湖乡四望湖小学校长程风，一位"实践其所信，励行其所知"的"90后"乡村女教师。她，以娇小的身躯扛起乡村教育的如山使命，用爱践行对孩子的承诺，把信念与担当留在大地上。

追梦——吃过乡村缺教师的苦，让我从小有个教师梦

程风出生在鄱阳县游城乡刘家村，农民出身的父母希望她刻苦读书，将来能走出山区。从小就乖巧懂事的程风在学习上从没放松过，小学期间成绩十分优异。

"2002年上初中后，学校的好老师不断进城，新来的老师又少，造成学校师资严重缺乏，大家的成绩普遍下滑。"回忆当初的情景，程

风形容自己"也是吃过乡村缺教师苦的人"。正是从那时起,一颗"我要成为一名老师"的种子在程风心中萌芽。

(图为程风的英语课堂)

有梦想,就有前进的动力。2008年,程风考入景德镇学院,如愿选择了师范类专业。进入大学后,程风如饥似渴地学习专业知识,积极参加社团活动,只为尽快提升综合能力和素养。景德镇学院英语老师谢志明对程风在校3年的学习记忆犹新。他告诉记者,当时程风的一举一动,都在努力朝合格教师的目标迈进。

2011年大学毕业后,程风顺利通过全省教师招聘考试,成为鄱阳县游城乡土塘小学的一名特岗教师。"我志愿成为一名人民教师,忠诚党的教育事业,遵守教育法律法规,履行教书育人职责,引领学生健康成长……"到学校报到的第一天,程风一直默念着"人民教师誓词"。

刚办完报到手续,程风就向校长周汉龙提交了住校申请,这让周汉龙愣了一下。"你家到学校骑车不过一刻钟,为什么要住校?""我希望白天能有更多时间陪伴学生,晚上能静下心来备课、学习。"在程风的执意恳求下,周汉龙最终同意了。由于当时学校没有教师周转房,程风只能住在由教室改成的简易宿舍里。

尽管条件艰苦,但程风却全然不顾,她白天一心扑在课堂上,晚上专心致志地看书、备课、听网课。功夫不负有心人,在土塘小学的第一年,程风就得到学生、家长、同事的一致认可,用游城乡中心学校校长胡志兵的话说,"这个女伢真不错"。第二学期,程风担任了学校少先队辅导员,负责指导、组织和帮助少先队员开展各种教育活动,土塘小学在游城乡的各类活动中崭露头角,程风也成了学校的顶梁柱。

(图为程风利用课间辅导学生)

选择——没有老师去,那里的孩子怎么办

程风在土塘小学平静而顺畅的工作和生活,在 2015 年暑假被打破了。

当时,游城乡的另一所教学点——北塘小学,教师少,学生也少,当地家长意见很大,经常到游城乡中心学校上访,要求换校长、换教师。胡志兵说:"实在没有办法,只能发出北塘小学校长竞聘的通知。但尴尬的是,一个多月过去,竟然没有一个人报名。"

"直到8月中旬我才知道这个信息。没有老师去上课,学校岂不是要关门,那里的孩子们怎么办?"程风的内心五味杂陈:去,需要面对新环境新挑战,干不好就辜负了组织的期待;不去,想到那里的孩子舍近求远入学不便,内心的呼唤让她坐立不安。在与家人反复沟通后,程风决定一试。

(图为程风和学生的读书会)

8月28日,游城乡中心学校任命程风担任北塘小学校长。当天,程风只身来到北塘小学观察情况。"很不乐观,条件比土塘小学差得远,孤零零地立着一栋两层的教学楼,不通水电。更惨的是,学校没有校长,老师'跑'光了。"程风告诉记者,当时看着眼前的一切,她在篮球场上足足呆坐了两小时。

没有退路,唯有咬牙前行。程风平复心绪、理清思路,全身心投入到工作中。没有老师,就发动大学同学前来支教,邀请在校大学生过来实习；不通水电，就请工人来打井、安装电线；请不起厨师，就自己拿起勺子当"大厨"；没有专业的音体美教师，程风与三位战友从零开始，自学音体美专业知识，然后现学现卖。就这样，四名教师把学校的音、体、美课程开齐、开足了，也点燃了孩子们的学习兴趣。

为让新来的三名女老师安心，程风就陪她们一起住在学校……在开学的第一个月里，程风没有休息过一天，整理校园环境、绘制校园文化墙、新建升旗台、添置教学设备。尽管学校面貌得到了改善，但新来的校长到底行不行，村民仍在观望。

2016年元旦，程风用一场会演给村民吃了一颗定心丸。她劝返的54名学生的家长和部分村民受邀出席，看着自家孩子的演出，家长们兴奋极了。许多家长说，"十多年了，没在学校看过这么精彩的节目。"有的家长甚至买来烟花爆竹，把现场搞得像春晚一样热闹。

在程风的带领下，北塘小学实现了一个农村教学点的完美逆袭。2017年下半年开学时，学生增至120多人；学生成绩从原来的全乡倒数，一跃成为全乡第一；当初村民不买账，如今纷纷前来表示感谢。"把孩子交给程校长，我们很放心。因为不论多晚，我知道她还在学校；不论多忙，我知道她也会上门家访。"学生家长张晓生说。

在北塘小学的历练，让程风迅速成长，上饶市"最美教师""师德标兵"等殊荣，是对她工作的最大认可。"他们成就了我作为一个老师的幸福，更成就了我作为一个人的最大幸福。"程风说，这是她生命中最闪亮的一段日子。

2018年7月，程风再次临危受命，调任莲湖乡四望湖小学校长，去"拯救"这所拥有500余名学生、同时问题也多的乡村学校。在四望湖小学的一年里，程风借鉴在北塘小学总结的家访、会演、团队"三件宝"，推动学校走上规范化办学之路。

担当——改变乡村教育面貌，有多大力使多大劲

有人问程风："很多老师都想着往县城调，你干得这么出色，为啥老是往乡下跑？""如果大家都不想留在乡村，这里的孩子怎么办？"程风太了解乡村百姓的不易，也更能从家长的角度去看待教育、审视自己。她常说，一个人的力量虽然有限，但有一份力就得出一份力、尽一份心。

2017年5月，程风有了一个新的身份——母亲。产前，她没有耽误一节课；产后，她放弃休假，把襁褓中的孩子带到学校，课间哺乳。今年4月，她感到身体不适，为了不影响工作，直到放暑假才去医院住院手术。每当家人担心时，她总是说："乡村教师少，都是一个萝卜一个坑，学生的事可耽误不得。"

让程风特别感动的是，家人给予了她最大的支持。她的公公婆婆从外地来鄱阳帮她照顾孩子，而丈夫谭智锋在背后默默地支持她的工作。"我开始并不是特别理解，但当看到程风的付出获得了百姓赞誉，我觉得这是一名老师价值的最佳体现。"同为教师的谭智锋也被妻子的言行所感动。

受感动的，更多的是当地百姓。在采访中，程风和记者前往北塘小学，张建明、周顺英、张老荣等学生家长得知消息后，纷纷赶到学校将程风团团围住。"你在哪办学，我们就把孩子转到哪去""我们啥都不认，只认你""你走的那天，我跟乡里干部求了又求，让你留下啊"等。听着家长的话语，程风背过身去，抹了好几次眼泪。

"小肩膀担起大梦想！正是因为有许许多多像程风一样有理想有担当的青年教师，鄱阳教育才焕发出青春活力！"鄱阳县教体局局长汤飞感叹道。程风之后，如今游城乡涌现了6位"90后"女校长，她们工

作在各乡村教学点，为乡村教育赓续接力。

从土塘小学到北塘小学，再到四望湖小学，从山区到湖区，程风一直在乡村，初心不改、使命不渝。她用智慧和心血努力改变乡村学校的面貌，用爱和责任为孩子们撑起一片蓝天，用信念和担当写下人民教师的神圣与荣光！

程风的故事一直被《中国教师报》关注，2019年7月3日，教育部长陈宝生同志对"程风精神"作出批示：这是一位平凡的九零后，这是一位不平凡的乡村女教师。程风同志的事迹，读来令人荡气回肠、感动异常。程风同志不忘初心、牢记使命，投身乡村教育，倾力教书育人，用智慧和心血改变了乡村学校的面貌。她身上体现出的不畏艰难、敢想敢干、舍我其谁、干就干好的奋斗精神，值得我们学习。我为程风这位钢铁侠点赞！希望更多的教师行动起来，投身祖国乡村教育事业，为孩子们撑起一片蓝天，为教育脱贫攻坚、为建设教育强国贡献自己的青春和力量。

程风是一位无私奉献的老师，她用爱和奉献谱写出一曲平凡而伟大的乡村教师之歌。她是新时代的教育工作的楷模，是我们共同学习的榜样。

追逐光,成为光,散发光

——记中国数字医疗集团董事长汪金炜

校友简介:

汪金炜,中国数字医疗集团董事长,2001年毕业于景德镇学院(前景德镇高等专科学校),2013年毕业于香港大学IMC专业(研究生),2019年在浙江大学工商管理高级研修班学习。现任景德镇学院浙江校友会会长、浙江省老龄产业协会副会长、浙江省民营经济研究中心副主席。

中国数字医疗集团以医院建设运营、医疗技术研发、医疗产业创新升级为主,旗下控股,广州数智、杭数口腔、摩耳口腔、未尔口腔、浙数、智爱等近十家医疗机构,以长三角"江浙沪"版块为依托,十多年来业务辐射粤港澳大湾区、京津冀、云贵川等三大区域,为未来打造中国乃至世界的数字化医疗第一品牌而奋斗不息!

感亲恩,父母给我人格

生于乐平乡村教师之家。父母一直乡村任教,期间由于父亲从赤脚老师考公办编制,人到中年还要进景德镇师范脱产进修学习,母亲凭一人之力,在乡村劳作,供父亲和我三兄妹,四人读书,十数年间,未使得一人辍学,故家境一直清贫。母亲的坚韧良善的品质,父亲宽厚谦和的性格,一直影响和源源不断滋养着我的人格。

念师恩,入读景德镇学院是我一生的幸运

由于父亲是乡村小学的语文老师,自小喜爱文史类学科,在高中阶段又遇语文老师和班主任给我写作和上台演讲的机会,因此偏科严重,数学考试经常是个位数,幸得当时景德镇学院艺术系文化成绩不计算数学,才得以在1999年被录取景德镇学院艺术系。时常与人说,我在学校读的是两大专业,三大收获。艺术系专业给我审美,学校学生会是第二专业,它锻炼我社会实践能力。而三大收获是,第一,因为有学校的特困生救助——在食堂勤工俭学才得以温饱和完成学业。第二,我在学校收获了爱情。第三,当时团委的于芳老师带着我们学生干部参加"三下乡"实践活动,获得了"江西省社会实践先进个人"证书,凭此我获得了广州的第一份工作,也为我日后创业打下重要基础。每个人的母校都是世界上最美好的学习平台,慷慨厚爱,无私且温暖。班主任王小平老师如兄长般的待我们,温润入心;团委的于芳老师,是当时一群学生干部护短的大师姐,让大家很有底气,有无穷

的干劲；系领导的开明和校领导的鼓励产生的作用，到今天看来，那几届学生和学生会干部，在今天都取得不错的成就。感恩母校，感恩师长，也希望学弟学妹在如今更美、更大、更强的母校，尽情挥洒学习热情，我们在社会等着更好的你们毕业，一起为母校争光！

携妻手，打下一片疆土

由于在电脑不普及年代，在学校提前学习电脑，学校各种证书奖励，让我顺利找到一个当时与很多著名企业做策划的广告公司，而英语专业出身的妻子也进入了一家国外公司，在二十多年前就能拿到上万月薪，那时广州房价才2-3千一个平方。由于我给很多中国成功大型企业做策划营销，妻子又和很多跨国公司打交道，这为我们之后用"国际视野做战略，本土创新做战术"的创业变得与众不同。在创业初期，由于对财务经验不足，被合伙人挪走大量资金，通过律师取证，基本可以确定能将合伙人以职务侵占将其起诉，但考虑当时他第二个孩子刚出生，还是心软放弃了起诉。但是那一年，公司已无法开下去了，所有钱发完工资，过年的时候，只够买一个肯德基全家桶做年夜饭，夫妻俩怕父母担心，甚至过年都不敢回去看老家才2岁的女儿。新年结束，为了不再出现财务的无知，妻子在数千人参加的考试之中，考入广发银行国际部，我开始一边再次创业，一边去中大和港大学习法律和营销，不久开始涉足医疗，妻子也被猎头推荐给德国上市眼科公司，成为广州旗舰医院创始人，夫妻事业开始一路向前。

借国家政策风口，我们开办了眼科医院、整形医院、口腔医院，从广州到深圳到北京，再到上海、成都等，并且托管和孵化长沙、苏州、郑州、太原等准一线城市医院项目，业务得到快速的发展。

筹备校友会，再一次经历精神洗礼

埋头赶路时候，也要时不时仰望星空，我们都是景院培育出的树苗，借风和日月照拂，得以一定气候。饮水自当思源，人不能忘记来处。听闻学院领导筹备校友会，46年的心灵漂泊景院学子们，一下有了归处，得以栖息再滋养，精神得以再次洗礼！这就像我在校友群里写的那段话，以此结尾，致敬学校以及支持我们浙江校友分会成立的领导、老师和浙江的校友们：没有什么比参与一个可以薪火相传组织成立更有记忆的事情，我们可以像长跑第一棒执棒者，也可以像"星星之火可以燎原"的那颗星星；当未来一个又一个优秀景院学子，一代又一代学弟学妹，将校友会越变越好的时候。他们会指着现在留下的照片和视频说，看这是我们的学长，是他们一起创立了景德镇学院浙江校友会。

巾帼若有凌云志，须眉必可敬三分

——记楚磁贸易有限公司董事长陈萌

校友简介：

陈萌，1996年4月出生，湖北恩施人，楚磁贸易有限公司董事长，羽器品牌总经理，景德镇珠山国资三宝文旅艺术顾问，浙江省现代陶瓷博物馆特聘专家，央视网瓷专家组成员，明清两代官窑陶瓷鉴定师。

2016年，陈萌就读于景德镇学院陶瓷产品设计专业，在校期间潜心研究陶瓷传统工艺与当代文人审美。毕业后，她成立楚磁贸易有限公司，正式开启了陶瓷文化创新创业之路。陶瓷工艺流程多，复杂又烦琐，摸索起来困难重重，但陈萌从未放弃，越挫越勇。在初创之期，她为了最大程度地熟悉完整的陶瓷生产流程，公司内的生产工厂日夜不停，窑火不熄。在原材料调试阶段，整窑入火几乎全军覆没，先后经历多次烧制失败后陈萌废寝忘食地与制作工人通宵奋战，终初见成效，但离理想效果仍有距离，看着瑕疵不大，本可以正常销售的陶瓷产品，陈萌毫不犹豫，选择了全部销毁，她说："宁愿继续亏损，也不愿让低品质的瓷器损害景德镇千年瓷都的形象！"经过数次的摸爬滚打，生产终于稳定，能持续产出高品质的精美瓷器产品。

2020年，陈萌凭借着对陶瓷工艺的娴熟运用和对现代审美的精准把握，成功与国内知名设计师陈林达成合作，设计开发了国内知名餐厅杭州玉玲珑的定制类餐具套组，形成市场化定制销售。

为了更好地掌握古代陶瓷的制瓷工艺，陈萌常年游走在国内外各大博物馆，并多次赶赴拍卖行上手了数以千计的古代陶瓷精品，并在这个过程当中学习与掌握了古代陶瓷的鉴定方法，提高了鉴定水平，并与保利、永乐、华艺等国际知名拍卖行达成合作关系。

陈萌对生产严格把关，将利润放在文化之后，鉴定时谨小慎微，只为还原古代陶瓷的每一处细节。陈萌凭借着对陶瓷文化的热爱，在制瓷这条路上不忘初心，砥砺前行。她始终相信，未来的陶瓷市场是留给热爱传统、承古拓新的新一代制瓷人的。

每个来到景德镇并选择留下的人都知晓景德镇的魅力。这座城市很大，大到可以包容年轻人的梦想；这座城市也很小，小到可以把制瓷的72道工序浓缩在方寸之间。这座城市留给年轻人的机会太多了，只要敢拼敢想，在景德镇没有什么不可能。自公元1004年赵恒赐年号于景德镇起,这座城市就注定不可能默默无闻。在发展和传承的过程中,景德镇以它的包容不断地吸引着各方才俊,对陶瓷有热爱,对文化有热忱的年轻人都会喜欢这座城市。

景德镇的陶瓷文化需要走出去,需要更多的人添砖加瓦把路铺出去。在处于后工业时代的今天,我们应该以传承和推广为使命,把景德镇这座手工业城市的难能可贵之处推上一个新的高度。在推广陶瓷文化的过程中,完成自己的个人成就,以点带面,经营好景德镇文化,就是经营好自身,选择了这个行业,就要毫无保留地把全副身心、全部精力投入到这个行业中,只有这个行业越来越好,自身的成就才会越来越高。

陈萌表示,非常荣幸能够就读于景德镇学院,这座院校就如景德镇这座城市一样。它重实操,从艺术学院走出去的每一位学子,写画刻塑无一不通,真正教会了我们安身立命的本事;它钻理论,哲学文史穿插在每一个专业中,帮助我们厘清基本的逻辑思维。这样一座学院必然使我终身受用。

与母校的合作发展规划

陶瓷传承的一大痛点难点就在于人才培养,陈萌计划与景德镇学院达成三方面的互通:

(1)每年定向设置3~5个岗位,从应届毕业生中甄选出优秀人才。

(2)在艺术学院设立"楚磁"艺术奖学金,用来奖励家庭困难但品学兼优的学弟学妹。

(3)计划每年向友好合作兄弟单位输送应届毕业生10~20名。

寄 语

(1) 景德镇的机会很多，在学校里学到的知识足够让刚出校门的我们安身立命，不要盲目焦虑，先树立自信。

(2) 做事切忌操之过急，初入社会，无论工作或创业，必须做到动手有规划，心中有想法，不能走一步看一步。

(3) 学无止境，人生是不断学习和积累的过程，我们在离开学校后也不能停止学习，要时刻进步，不断充实自己。

第二部分
行业典型创业案例

梦想和危机感让我越走越远

——记东软集团董事长刘积仁

人物简介：

刘积仁，1955年出生于辽宁丹东，1976年进入东北工学院（现东北大学）学习，1980年获得计算机应用专业学士学位，1982年获得硕士学位，1984年开始攻读博士学位，师从李华天教授，1986—1987年在美国国家标准局计算机网络实验室做研究工作，1987年回国成为中国第一个计算机应用专业的博士。1988年，33岁的刘积仁被破格提拔为教授，成为中国当时最年轻的教授。为了将大学的科研成果产业化，刘积仁于1988年创建东北大学计算机网络工程研究室，1991年创立东软集团股份有限公司（以下简称"东软"），在中国软件产业还十分薄弱的时候，从三个人开始艰苦创业，到创建中国第一个大学科技园、第一个软件园、第一个国家计算机软件工程研究中心、第一家中国的软件上市公司，创造了中国软件产业的许多次"第一"。

1997年，在中国大型医疗设备还完全依赖进口的情况下，刘积仁带领东软将中国自主制造的第一台CT机推向市场，并走向世界。1998年开始推动大连软件园的建设，2000年开始带领中国软件走向世界，连续7年成为中国软件出口第一名，并从2000年开始投资建设信息技术学院，培养满足市场发展需要的软件产业人才，先后在大连、成都、南海建立了三所大学，在校学生3.8万多人。

今天的东软在全球拥有近2万名员工，是中国软件产业的杰出代表，为中国的信息化建设做出了杰出的贡献。为国家的社会保障、医疗卫生、电信、电力、金融、电子政务、智慧城市和汽车信息化等领域提供了先进的解决方案；在中国软件产业的规模化发展，产学研一体化创新、新教育的发展及中国自主知识产权的软件创新方面走出了一条独特的创新之路。东软研发的数字化医疗设备已经销售到世界110多个国家9 000多家医院，成为中国高端医疗设备制造的领导者。

刘积仁作为学者，曾主持国家自然科学基金、高技术研究发展计划（"863"计划）、火炬计划、国家经贸委、科技部、工信部等多项重大课题，在计算机网络、多媒体技术、软件工程方面取得了多项科研成果；获得国家科技进步奖、省部级科技奖等，被国家授予"五一劳动奖章""有突出贡献的中国博士""跨世纪优秀人才""有突出贡献的中青年科技工作者"等称号。

作为科技创业者与企业家，刘积仁博士曾荣获2007年CNBC中国最佳商业领袖奖、2008年第六届CNBC亚洲商业领袖·创新人物奖、2009年CCTV中国经济年度人物、2010年安永企业家奖中国区大奖、2011年中国软件产业十年功勋人物、2012年《财富》中国最具影响力的50位商界领袖等荣誉。

刘积仁还担任过世界经济论坛新兴跨国公司议程理事会成员，亚太经合组织APEC工商咨询理事会理事，东北大学副校长，中国软件行业协会副理事长，第八、九、十届全国政协委员。

大学苦读，成为他人生的重大转折

1976年8月，还在本钢动力厂工作的刘积仁接到了东北工学院（现东北大学）的录取通知书。对于当时的他来说，这一份通知书意味着他能够离开那个随时都有爆炸危险的工作场所,从一位煤气救护工变成一名大学生。

然而,在入学之后的摸底考试中,没有知识基础的刘积仁成绩垫底,这让他惶恐不安。"那时候经常做梦,梦到自己考试成绩不好被退回到工厂里。所以,我经常天不亮就起床,从宿舍窗户跳出去背英语单词,甚至连走路、排队打饭都在背英语单词。白天都待在图书馆里,几乎把专业书看了个遍。那几年,我两耳不闻窗外事,直到毕业,有些同学的名字我都叫不出来。"刘积仁说,这是他人生中最艰苦的时期。

因为刘积仁的勤奋好学,英语和专业知识逐渐扎实,1980年顺利考取了李华天教授的硕士研究生。

李华天教授是哈佛大学的硕士。1949年中华人民共和国成立后,李华天教授放弃攻读博士学位的机会回国,在东北大学任教,是中国最早几位从事计算机与网络研究的科学家之一,也是中国第一台数字计算机的研制者,在国内自动控制和计算机领域享有盛誉。在刘积仁看来,恩师李华天教授对他影响最大的不仅是渊博的学识,更多的是老师身上独特的人格魅力。李华天教授以谦逊豁达、淡泊名利、甘为人梯的品行及浓厚而强烈的家国情怀,改变着刘积仁对国家、对学术、对事业乃至对自己和他人的认知。"那是我第一次真正确立自己的梦想,希望成为一个好学者、好教授,用学识和修养培养出优秀的学生,就像我的老师一样。"刘积仁说。

1986年,刘积仁在李华天教授的建议下,奔赴美国国家标准局留学深造。在美国留学期间,刘积仁没有只专注于自己的科研领域,以拿到学位为目标,这显然和那一代很多的留学生不同。置身于绿树成荫、宽敞明亮的科研环境,他惊异于中美之间在科研领域的全方位差距,对美国科研机构与社会之间畅通的成果转化渠道有着清晰的感受;

同时，计算机应用和软件技术在美国社会和经济发展中已经迸发出的能量也让他确定，这样的变革未来一定也会在中国发生。

刘积仁说："在当时的美国，科研机构和工业的合作非常密切。那时我就想，中国人也要改变研究与开发的方式，将学术与产业更紧密地结合。"

在实验室里，刘积仁夜以继日地潜心科研，顺利完成博士论文，赢得了美国同事的认可。

1987年，刘积仁拒绝了实验室提出留美工作的邀请，学成回国，留在东北大学任教，与李华天教授一起从事科研工作。1988年，年仅33岁的刘积仁被破格提拔为教授，成为当时中国最年轻的教授。

直至今日，刘积仁每每提到求学的经历，总是会提起自己的恩师——李华天教授，言语之间充满了无限的敬仰和感激。他正在用自己的努力和行动，成为像李华天教授一样优秀的人。

三个人、三台计算机、三万元经费，开启东软创业之路

温文尔雅、亲切和蔼，刘积仁虽已满头银发，却精神饱满，走起路来大步流星，一路带风。明明是一位企业家，身着一套干净利落的西装，却无时无刻都散发着教授气质，让人自然而然地想称他为"老师"，这就是刘积仁最独特的地方。

20世纪80年代，中国的改革开放还处在实践探索阶段，学者和企业家之间有着一道深深的沟壑。连刘积仁本人也未曾想到，未来的自己会成为一个下海的教授，并且在商海中获得成功。刘积仁说："那个时候，教授下海是一件让人不齿的事儿，别人会觉得下海从商是因为你教授做得不好，科研做不下去了。"

在当时，刘积仁也不想"下海"，一心想做好科研的他面对科研资

金短缺，科研工作难以为继的困局，迫于无奈才提出要创办公司。而对于"大学能否办产业"，学校内部也经过了一番激烈的讨论。最后，时任学校党委书记的蒋仲乐斩钉截铁地表示："大家不要争论不休，我们可以做一个尝试。如果办砸了，我们永远不办就是了；如果办成了，你就让他办就是了。用实践来证明！"

一句"用实践来证明"，说服了校里的老师们，也给了刘积仁创业的机会。就这样，刘积仁与两位青年教师在东北工学院（现东北大学）主楼一间半的研究室里，以三万元经费、三台286计算机，创建了计算机软件与网络工程研究室。试图搭建一个技术转移中心，把科研成果转移到企业，获取充足的科研经费继续做研究。

"三个人、三台计算机、三万元经费"成为东软的创业佳话。但当时的中国并没有创业的环境，没有资本、没有人才、没有市场，大多数人还不知道软件是什么，能做什么，就更不用说软件产业的未来发展方向在哪里。

直到1989年，日本阿尔派株式会社一行人来到东北工学院（现东北大学）寻求合作，由刘积仁负责接洽谈判。由于实验室条件简陋，没有资金购买会议桌，刘积仁就将四张课桌临时拼在一起，再蒙上一块红色的绒布窗帘撑场面。待谈判结束，送走日本客人后，窗帘布撤掉了，谁料一位日本代表因为遗落了东西突然返回教室，看到破旧的课桌惊愕得半天说不出话来。即便如此，日本阿尔派株式会社的会长沓泽虔太郎对刘积仁的博士论文表现出了极大的兴趣，因为这刚好符合了他们对汽车内部软件系统开发的需求。同时，沓泽先生也看中了刘积仁团队的科研能力。

在会议之后，日方对刘积仁发出专门邀请，希望他到日本详细谈一谈他的论文方法论，以及关于研究室未来的发展思路。其实对于创办企业，在日本阿尔派株式会社看来，刘积仁是一个好的学者和技术专家，但决不相信他会成为一个企业家。当刘积仁在日本说完对实验室未来发展的计划之后，一位阿尔派株式会社的高管直截了当地说："老师做企业，我没见过能成的。"刘积仁后来告诉他们，这是激励他走向企业的一个原因，他想证明教授也可以成为企业家。

这次日本之行，刘积仁的博士论文方法论得到了日本阿尔派株式会社技术团队的一致认可，他也因此获得了"第一桶金"——30万美元。"资金还没到账，我们就拿着合同去北京，进口了一批最先进的IT设备，学校也把主楼二层的一半教室都给了我们，我们就打造了中国一流的实验室。"

当日本阿尔派株式会社第二次来到实验室洽谈时，再一次被震惊，这更加坚定了双方合作的意向。两年之后，基于良好的合作基础，双方组建了沈阳东工阿尔派软件研究所（有限公司），后来又成立了东北工学院（现东北大学）开放软件系统开发公司，这就是东软集团的起点。

刘积仁说，他最初创办实验室只是想做好科研，成为好的教授，东软后来的发展完全超出了他的预料和所有人的想象。

为中国的年轻人搭建梦想的舞台

天上白云朵朵，地上花草芬芳，湖面波光粼粼，在咖啡厅里找一个临窗的座位，细细品味卡布奇诺，仿佛一切都安静下来。这种只有在休闲度假时才有的惬意，如今在东软软件园却随时可以感受得到。

创业初期，在东软的员工不足200人时，刘积仁做出了一个惊人的决定：要在沈阳建造一个软件园。"建造软件园，是我在美国留学时萌生的想法。我不想让年轻人像我们以前那样，做研究还要到国外去学习，我希望他们能在自己的国家追求和实现自己的理想。"刘积仁说。

1995年，坐落于沈阳市南湖科技开发区（今沈阳市浑南区）的东大软件园正式奠基并投入建设，占地面积为50余万平方米。很多人都对刘积仁的这次决定不理解，200人的公司就建了这么大的园区，太冒进了。然而，东软仅用了5年时间，公司规模就达到3 000人，10年后，东软员工人数已接近8 000人。

经过20多年的持续建设，如今的软件园里，一座座低矮的欧式建筑错落有致地镶嵌在绿树红花之间，清澈的同心湖与高耸的慧聚塔交相辉映，一群群朝气蓬勃的年轻人穿梭在园区里静谧的小路上，构成了一幅美丽的大学校园风光图。

然而，刘积仁并没有满足于此。1998年，刘积仁又看好了高校和IT人才相对集中的大连，在当时还是棚户区的由家村开始建设大连东软软件园，引领大连这座城市正式走上软件发展之路。从1998年的由家村，到2008年旅顺南路落成东软软件园大连河口园区，东软引领大连打造了规模化的软件产业带，使软件产业成为大连重要的城市标签，成为大连近20年经济发展的重要支柱，推动大连成为软件产业名城。

随后，东软先后在广州、成都等地建立多个软件园。如今，东软在全国已经建立了8个区域总部、10个软件研发基地、16个软件开发与技术支持中心，在60多个城市建立营销与服务网络。

这样的布局让东软得以快速发展，迅速占领中国市场，软件园也成为数以万计东软人生活、工作的乐园。

推动公司上市，以员工持股计划激励和保留人才

1996年，中国软件行业发生了一件大事，那就是东软在上海证券交易所上市，成为中国第一家上市的软件企业。

这时，很多人担心东软成长太快，马上要从东北大学"飞出去"

了，而时任东北大学校长的赫冀成却给予了东软极大的支持和鼓励。他说，大学将产业办到一定规模之后，会有一定的局限性，学校的氛围与企业的氛围不同，这是很多高校办产业发展不起来的原因。他提出，东软要想做得更大，就必须融入社会，融入市场。

后来，赫冀成校长还积极推动宝山钢铁股份有限公司对东软进行投资，同意东软员工的持股计划，这让刘积仁感受到了一种强大的力量和信心。刘积仁说，正是因为有了东北大学历任校领导的支持和帮助，他才有了创业的机会，东软才有了成长壮大的可能。

在筹备上市期间，刘积仁经常要回答一个问题：东软哪方面最强？

作为系统集成商，东软虽然营业额和利润十分可观，但其核心价值很难体现。随着硬件价值的逐渐下降，软件价值越来越受到重视，刘积仁也开始意识到系统集成的路线已经不能再继续了，必须要寻找公司未来的核心竞争力。

就这样，刘积仁带领东软开始帮助行业做解决方案。刘积仁认为，行业解决方案业务存在一定的特殊性，一旦进入某个领域，与客户建立合作关系，都会保持相当长期的合作，因为系统和服务的变化会对客户造成很大的潜在风险和巨大成本。

这样，东软将追求市场份额作为首要任务，提出了"数字圈地"的策略。正值上市初期，东软获得了充足的资金支持，刘积仁开始大展拳脚，在全国开始设立分支机构，不惜投入巨大的资金获得客户、占领市场。

1996—1999年，东软快速在全国建立了销售和服务网络，进入金融、电力、社保、电信、教育等行业，为东软今天的稳定发展奠定了坚实的基础。数据显示，目前东软的人口数据库管理系统覆盖中国14亿人口；东软为4亿人提供社会保险服务与支持系统；4亿人通过东软的电力营销系统支付电费；1.15亿人通过东软的电信运营商支撑系统支付话费；1.2亿股民正在使用东软的证券交易监察系统……

东软借力资本市场谋求发展的同时，曾先后四次通过员工持股、股权激励、期权等方式激励员工，实现了企业和员工的共同发展。

1992年，刘积仁就开始在东软内部进行股份制改造，启动第一轮员工持股计划。刘积仁称："那个时候大家集资入股，一元钱一股。一开始员工持股比例是25%，后来经过融资摊薄到了10%……当时的想法就是，每位员工都拥有公司的股份，是公司的主人。"

因为信任刘积仁，大多数员工都是左手拿到工资，右手又交出去，只留下一些生活费。20世纪90年代，人们还没有投资意识，也不懂炒股。所以有些员工家属会抱怨、会不满，生怕投入的钱打了水漂。

直到1996年东软上市，在当时"万元户"都罕见的时期，东软已经造就了一批百万富翁。1999—2000年，东软再次启动员工持股计划，使更多的东软员工获得了丰厚的回报。2008年，东软集团整体上市，由东软员工持股的沈阳慧旭公司所持股份已经超过9 000万股，占全部股份的17.17%，按照当时的股价其总价值超过27亿元。

刘积仁说，员工是公司的核心资产，他们为公司创造了财富，公司也要给他们合理的回报。事实证明，员工持股是激励员工和公司共同创业与成长的有效手段，能让员工更积极主动地进行创新和创业，反过来推动公司实现更加快速的发展，这样就进入了良性循环。

从刘积仁办公室的落地窗望出去，有一个中国版图形状的池塘，办公室的墙壁上挂着一张世界地图，言语之间，刘积仁也会经常透露出一种家国情怀，颇有些胸怀天下的味道。确实，他也做到了。

20世纪，中国大型医院很少能使用CT机等重要医学影像装备，少数医院进口的设备也多为国外淘汰的二手设备，价格昂贵并且经常瘫痪，看病贵，看不上病，百姓深受其苦。

1994年，东北大学CT攻关项目组的首台国产CT样机通过国家检测，随后就陷入僵局，因为科研资金短缺，样机的成像速度、准确性与国外相比相差甚远，CT产业化的道路一片暗淡。这时，东北大学校领导和CT项目组负责人找到刘积仁，希望他能够接过这个重担。

此时正值东软的上市筹备期，东软内部很多人对接手CT项目投反对票，担心投入资金多，研发周期长，可能会成为公司的沉重负担。1995年11月，刘积仁反复权衡，最终决定接下CT项目。

"在20世纪90年代，中国人对CT机的渴望可以说超越任何一个国家，当时的国内市场完全被美国、日本、德国的跨国公司垄断，新的CT机价格昂贵，很多医院只能购买二手CT机，维护成本非常高昂。在考虑到公司能够承受的最大风险的前提下，我们不能让东北大学如此宝贵的科研成果付之东流。"刘积仁说。

1997年，经过两年的投入研发，东软成功推出中国第一台具有自主知识产权的CT机并推向市场。随后，东软一步一个脚印，持续进行技术创新与突破，于2014年推出64层恒睿CT机，2015年推出128层精睿CT机，2016年再推出PET/CT机，在短短三年时间完成了中国制造高端CT机自主研发道路上的三级跳，使得中国成为继美国、日本、德国、荷兰之后的世界第五大CT整机生产国和出口国，让民族品牌站上了世界舞台。

今天，东软的CT机、磁共振、数字X线机、彩超等尖端医疗器械已经遍布美国、意大利、俄罗斯等110多个国家和地区，拥有客户9 000余家。

刘积仁多次强调："中国是人口大国，医疗健康是巨大的民生需求。"在2009年，刘积仁就提出"大健康"概念，希望把东软此前在医疗设备、医院信息化、社保等领域的技术与资源积累打造成一个医疗健康平台，解决国家医疗资源不平衡、看病难、看病贵的问题，更好地服务于老百姓。

在医疗健康领域，东软已经为 7 亿人、1 000 多万个参保单位提供社会保障服务，医疗两定数量超过 15 万，市场份额超过 50%。东软承担了 30 多个省市的卫生厅局信息化建设和运营维护，为 2 500 多家大型医疗机构、30 多万家基层医疗机构提供医疗信息化服务。

东软的远程医疗系统汇聚了近 5 000 位远程医疗专家，服务患者累计超过 40 万人，日会诊量达 200 多次。2014 年，国内首家云医院东软——熙康云医院，在宁波建立，这是东软集合其在医疗设备、社保、医院信息化等多领域所积累的资源和技术，利用移动互联网、大数据、云计算、物联网等技术，构建的全新医疗健康服务模式。这一模式在国内 30 多个城市快速铺开，与全国 20 多万家基层医疗机构建立合作，服务居民超过 2 800 万人。

2013 年，习近平总书记在视察东软时，对东软在信息技术领域做出的贡献给予了充分的肯定，指出"用信息化系统提高医疗水平，如虎添翼。"

投资教育，向社会输送实用型 IT 人才

作为教授的刘积仁，十分清楚人才对中国软件产业发展的意义，也十分了解中国高等教育面对的挑战，投资高等教育，培养时代所需要的人才是他的又一个梦想。

从 2000 年开始，刘积仁连续三年，陆续在大连、南海、成都创建了三所信息学院，目前在校生近 4 万人。

刘积仁说，创办学院之前，首要考虑的是解决东软长远发展的人才需求问题。办了学校之后，又有了最朴素的目标，就是让每个学生能够找到工作，有更高的收入。归结起来就是：教育创造学生价值。

因此，刘积仁十分关心学院的发展，提倡培养实用型IT人才的教育教学模式。根据软件企业对IT人才的实际需要，与学院的院长共同制定教学与实践课程内容，开创校企合作、产学互动的合作模式。

近20年，通过创新的教育方式，东软信息学院和东软培训机构共为社会培养了几十万软件工程师，为国家在软件产业发展的不同阶段，提供了大量的优秀人才。

近年来，东软信息学院引导学生创新创业，以知识和智慧服务于社会和民生。成立于2002年的大学生创业中心，如今已成功孵化近百家拥有高新技术的企业，东软学院学生的就业率和就业质量一直保持在所在区域的优秀水平，国内有200多所大学使用东软的教学课程和方法培养学生，为高等教育的课程体系改革做出了贡献。

如今，东软正在以发展大健康产业为契机，开始建设健康医疗技术学院，通过医学、信息技术、产业融合发展的新型发展模式，培养面向未来医疗的技术人才。

提前布局，遵循社会发展，推动企业创新与变革

有人说刘积仁是一位有智慧、有前瞻性的企业家。从创办东软到后来的几次重大转型，他都能够敏锐察觉到市场风向并精准出击。其实，刘积仁也是一路走、一路摸索，只不过他从来没有因为受挫而停止，也没有因为顺利而放松。每隔三五年，刘积仁总会提出新的想法，在东软推动一次巨大的变革，每一次布局都有很多人看不懂，跟不上。

在东软的起步阶段，刘积仁对美国的科技发展路线心存仰慕，一开始也希望能成为微软、甲骨文这样的公司，可以一个个地卖软件拷贝，所以，刘积仁带着团队积极研发并推出了第一款产品——报表生成工具。刚推向市场时销路非常好，然而正在刘积仁为产品的成功而

高兴的时候，大量的盗版产品开始出现。

刘积仁这才意识到，当时中国的市场环境与美国存在着巨大差异，知识产权得不到应有的保护，产品路线根本行不通。于是，刘积仁把眼光投向了系统集成市场。因为那时人们对软件的价值并不认可，谁也不愿意为一张小小软盘里装着看不见、摸不着的东西付钱，所以东软只能把软件集成到硬件设备里，依靠硬件获取利润。

随着中国信息化建设的不断加快，软件逐渐被重视，东软开始向行业解决方案提供商转变，而后，东软在外包领域做得风生水起。在连续多年夺得中国最大离岸软件外包提供商桂冠之时，刘积仁突然提出"依靠人头拉动的软件外包模式不可持续"的观点，一时间引起业内一片哗然。就在那时，刘积仁已经开启在东软大力推动以知识资产驱动业务成长的商业模式，在全球经济危机的大环境下，刘积仁逆风而上，通过设立分子公司、收并购战略，向国际市场进军。

刘积仁的每一次行动都看似惊险，最终却收获满满。在中国还没有移动网络时，他带领东软开始做电信计费软件；在医院信息化还没有开始时，做医院管理软件；在中国尚未建立完善的社会保障体系时，开始研发社会保险软件；在中国很少有人开车时，开始涉足车载娱乐信息系统的研发和应用……如今，东软在这些领域已经成为首屈一指的领军者。

其实，刘积仁有很多次机会转行做其他行业，如风光无限的房地产，非常热门的生物医学，但刘积仁却始终不为所动。"无论我们做什么，都是以软件技术为核心。因为我相信，连自己明白的事情都做不好，就更难做好其他的事情。在选择方向上，只要是社会发展所需要的，能够让社会向一个健康方向发展的，我们就一定要做，不在乎做的时候是否被别人认可。事实证明，我们的每一次收获都来自社会发展需要的拉动，每一个开始都是学习的开始，让我们理解了'机遇就是提前做一件未来可能发生的事'。"刘积仁说。也许正是这种果敢和专注,刘积仁总是能够提前布局,抓住机会,屡获成功。

创业再出发,打造企业新生命力

中国改革开放后,曾经涌现一大批优秀的企业家,四十年回望,大多已是"千古江山,英雄无觅孙仲谋处。舞榭歌台,风流总被雨打风吹去"。刘积仁算是第一代企业家中为数不多的"常青树",很多人请教刘积仁东软能够保持长青的秘密,他的答案是"怕死,所以总是在备份新的命"。

2014年12月12日,弘毅投资、高盛中国人保等联手东软医疗和东软熙康投资37亿元人民币,创造了国内医疗设备和互联网医疗领域单笔最大融资记录。在发布会上,刘积仁笑着转述了投资人和他的对话:"投资你最大的风险就是年纪太大。"是的,当时的刘积仁已经年过花甲,然而在他身上,我们经常能够看到与其年龄不符的年轻态和好奇心。他每天早晨坚持跑步10千米,一口气做60个俯卧撑,手机里装载着各种App,每周都会阅读两三本书,家里摆放着各种各样的乐器,跟刘积仁一同创业的东软人都认为刘老师是个爱折腾的人。

就在东软医疗和东软熙康融资后,刘积仁又一次"折腾"起来,提出要再创业、再出发,要把东软打造成创业的平台公司,将过去二十多年在技术、市场、业务和管理等方面的资源积累作为一个创业平台,快速孵化新的创业公司。

与其他创业者不同,刘积仁没有去追互联网风口,而是着重思考:如何在世界范围内找准东软的位置,在新常态下寻找新的增长点和竞争力;如何激励和盘活2万东软人和3所大学里那些年轻人的创业初心，培育5~10年后的创新中坚力量。

刘积仁认为，当前的中国经济发展十分迅速，随着人们生活质量和生活方式的改变，未来对医疗健康、汽车、智慧城市等方面的需求将越来越迫切。因此，刘积仁决定在医疗健康和汽车两大领域开足马力，大刀阔斧。

他为自己设定了两项主要工作：一方面想办法打破东软的现有体系，把大公司改造成多个创业公司来运行；另一方面就是建立新的激励体系，从股权到期权，让一批年轻人成长为"像当年我们那样的队伍"，在不同的架构里创造不同的商业模式。

由于医疗健康和汽车业务的投入期长、投资金额高，刘积仁采用融资和合作的方式，为这些创业公司争取充足的"弹药"，推动其业务快速发展。仅仅几年的时间，东软在医疗健康领域的东软医疗、东软熙康、东软望海三家子公司累计融资金额高达67亿元，弘毅投资、高盛中国人保、平安人寿、泰康等多家行业巨擘加入东软的投资者阵营。在汽车领域，2015年7月，东软与阿尔派投资成立东软睿驰，致力于新能源汽车、辅助驾驶和车联网等领域的创新与研发。通过2016年、2018年的两次增资，实施员工持股和激励计划，东软睿驰在技术、市场等方面均有快速突破，并快速组建起一支拥有600多位高端专业的核心人才队伍。

经过这一轮再创业，东软已经从一支巨型航母，变成了以东软集团为主力，由医疗健康和汽车两大前锋并驾齐驱的强悍舰队。

刘积仁说，企业在不同时期要有不同活法，一边生存一边寻找下一个阶段的活法，持续打造企业的生命力，这个过程主要体现为与环境之间的争斗。所以，我们要对环境始终保持敏感，要对未来可能发生的变化始终保持敏感，同时，对自身资源和弱点始终有清晰的认识，懂得利用外部的力量，才会让企业越来越强大。

机遇总是留给有准备的人

"我这一生十分幸运。'文化大革命',同学都下乡了,我去本钢做了工人,后来有机会上了大学,又考上研究生,出国读博士。别人都在读书爬坡的时候,我当了教授,又开始创业。这一路走下来,本就普普通通、并不完美的我,对人生能够拥有这种幸运而感到满足。"刘积仁将过去近四十年的经历用三言两语一带而过,把所有的努力和成就都解释为一种"幸运"。

正所谓,机遇总是留给有准备的人,刘积仁的幸运也绝不是一种偶然。在中国经历巨大变革的20世纪70年代,如果没有超乎常人的努力和付出,懵懂年少的刘积仁成为教授和企业家的概率可能比中彩票还低。而身为东软的掌舵人,历经行业的起起伏伏,如果没有精准的战略远见和自我认知,没有持续变革的勇气和智慧,东软恐怕很难有今天的规模和发展。

经常有人抱怨生不逢时,有人在选择面前纠结徘徊。其实,环境不会因为抱怨而改变,人生不会因为等待而成功。同样的时代,同样的机遇,不同的人做了不同的选择,就有了不同的结果。

刘积仁说:"因为有梦想,因为害怕回到过去,害怕东软在瞬息万变的环境中失去发展的机会,所以我不能停止,必须一路向前。这一路走下来,我认为我做得最对的一件事就是只要给了我时间,我就一定把时间充分利用好,精准地利用好,有效地利用好,这样可以缩短达到梦想的路径,也可以在这个路径上找到不同的转折点,获得不同的机会。"

刘积仁通过他的精准计算,抓住一个又一个发展机遇,掌舵东软这艘巨轮,劈波斩浪,一路向前。

创新是企业发展的动力

——华为的崛起

创新是华为发展的不竭动力。2000年，任正非在《创新是华为发展的不竭动力》一文中写道："华为十年的发展历程，使我们体会到，没有创新，要在高科技行业中生存下去几乎是不可能的。"

华为的创新实践之一：技术创新

华为到2012年年底已拥有7万多人的研发队伍占员工人数的48%，是全球各类组织中研发人数最多的公司；从1992年开始，华为就坚持将每年销售额的至少10%投入研发，什么事情都可以打折扣，但"研发的10%投不下去是要被砍头的"——这是华为主管研发的负责人说的。仅2013年这一年，华为就为研发投入了该年销售额的12.8%，多达53亿美金。在过去10年的研发投入中，更是累计超过200亿美金。华为在全球有16个研发中心，2011年又成立了面向基础科学研究为主的2012实验室，这可以说是华为的秘密武器。

截至2017年年底，华为共有74 307件授权专利。仅2018年上半年，就产生授权专利1 775件。在中国企业中，发明专利排名第一。

华为在欧洲等发达国家市场的成功，得益于两大架构式颠覆性的产品创新：一个叫作分布式基站（是新一代用于完成网络覆盖的现代化产品）；另一个叫作SingleRAN。后者被沃达丰的技术专家称作"很性感的技术发明"。这一颠覆性产品的设计原理,是指在一个机柜内实现 2G、3G、4G 三种无线通信制式的融合功能,理论上可以为客户节约 50%的建设成本,也很环保。

华为的竞争对手们也企图对此进行模仿创新,但至今未取得实质性突破,因为这种多制式的技术融合背后有着无比复杂的数学运算,并非简单的积木拼装。正是这样一个革命性、颠覆性的产品,过去几年给华为带来了欧洲和全球市场的重大斩获。

华为的创新实践之二:"工者有其股"的制度创新

作为一个民营企业,任正非完全可以拥有华为的控股权。但任正非一反常理,从华为创立的第一天起,他就让知识管理者和劳动者为他们自己打工。到目前为止,华为有将近 8 万股东,可谓"工者有其股",这无疑是人类商业史上未上市公司中员工持股人数最多的企业,也无疑是一种创举,既体现了创始领袖的奉献精神,也考验着管理者的把控能力:如何在如此分散的股权结构下,实现企业的长期使命和中长期战略,同时满足不同股东的各种利益诉求,其实是极富挑战的——前无经验可循,后面的挑战依然很多。

总的来说,华为在管理领域最大的制度创新就是"全员持股"。这是华为最大的颠覆性创新,也是华为创造奇迹的根本所在。

华为的创新实践之三:产品微创新

早期,无论是西方公司还是华为,卖设备给运营商都是采取代理商模式。但是,华为改变了这种做法,由代理模式改为了直销模式。这个模式首先是被逼出来的,由于华为早期产品质量不过硬,经常出现问题，公司就得贴近客户去服务。华为的老员工经常说一个词，叫作"守局"，这里的局指的是邮电局，就是今天的运营商。由于设备随时会出现问题，华为那些年轻的研究人员、专家，经常十几个人在一台设备安装之后，守在偏远县、乡的邮电局一两个月，白天设备在运行，晚上就跑到机房去检测和维护。设备不出现问题是侥幸，出现故障是大概率。

这就逼出了华为的微创新文化。例如，华为交换机卖到湖南后，一到冬天许多设备就短路。为了查找原因，公司把一台出现故障的设备拉回深圳。技术人员夜以继日地研究到底哪里出了问题，最后发现外壳上有不知道是猫还是老鼠撒的尿，就猜想是不是症结在这里？有人试着在设备上撒了泡尿，通电后发现没问题，技术人员又开始苦思冥想。

到了第二天，有人突然说不对，昨天那个谁谁撒尿之前喝了水，人也年轻，找一个年龄大一点的同事，几个小时别喝水，撒一泡尿再试试。果不其然，撒完尿，电源一插，设备短路了。经过反复试验，他们最终确定，尿里面所含的某些成分是导致设备短路的原因。湖南冬天的时候老鼠在屋内到处窜，交换机上的污渍可以肯定是老鼠尿。于是，华为的工程师们就针对这一具体问题进行产品改造，很快问题就解决了。

华为能够从一家小公司成长为让全球客户信赖的大企业和行业领导者，多年不间断的、大量的贴近客户需求的微创新是一个重要因素。正是由于华为跟客户不间断地、频繁地、零距离地沟通，改变了西方公司独霸电信市场的格局。

华为的创新实践之四：市场开发创新

任正非的管理带有鲜明的军人特色，如"一点两面三三制"。一点两面即尖刀队先在前面撕开口子，两翼部队蜂拥而上，把这个口子从两边快速拉开，然后，"华尔街就是你的了"。

"一点两面三三制"是华为公司的一种经典的市场作战方式，对华为多年的市场成功助益甚多，至今仍然被市场一线的指挥官们奉为经典。

除此之外，华为还有"重装旅"。一线营销人员发现机会后，立即报告给公司。总部马上成立商务、技术等专家组成的小组（重装旅）奔赴前线。

华为创新实践之五：决策体制的创新

美国的美世咨询（Mercer）公司在2004年对华为进行决策机制的咨询。让任正非主持办公会，任正非不愿意，就提了一个模型，叫轮值COO。七位常务副总裁轮流担任COO，每半年轮值一次。轮值COO进行了8年，结果是什么呢？

首先，是让任正非远离经营，甚至远离管理，变成一个头脑越来越发达，"四肢越来越萎缩"的领袖。真正的大企业领袖在企业进入相对成熟阶段时一定是畸形的人，脑袋极其发达，聚焦于思想、文化和企业观念层面的建设；"四肢不萎缩"，就会时常指手画脚，下面的人就会无所适从。

10年前，任正非是大半个思想家和小半个事务主义者。10年后，任正非完全脱离事务层面，成为完全意义上的华为思想领袖。轮值COO的成功实践，促使了华为在3年后又开始推行轮值CEO制度。EMT管理团队由7个常务董事组成，负责公司日常的经营管理，7个人中3位是轮值主席，每人轮值半年。3年来的运行效果是显著的，最大成效之一是决策体系的动态均衡。

其次，避免了山头问题。任正非认为，华为的轮值COO、CEO制度，从体制上制约了山头文化的坐大，为公司包容、积淀了很多来自五湖四海的杰出人才。同时，这种创新体制也使整个公司的决策过程越来越科学化和民主化。今天的华为已经从早年的高度集权演变到今天的适度民主加适度集权这么一个组织决策体制。

轮值CEO制度，相对于传统的管理理论与实践，可以称得上是划时代的颠覆性创新，在有史可寻的人类商业管理史上恐怕找不到第二例。有中国学者质疑这一体制的成功可能性，但至少华为迄今为止的实验是相对成功的。

案例点评：

华为的成功，首先是哲学与文化的成功，同时也是创新的成功。华为投入了极大的力量在技术、制度、产品、市场开发、决策体制等方面进行了有价值的创新，使公司在研发、市场和管理等方面形成了高壁垒，从而使企业立于行业的不败之地。这些优势促使华为从一个弱小的、没有任何背景支持的民营企业快速成长为全球通信行业的领导者。

人生不言老，59岁再出发

——记上海振华重工（集团）股份有限公司原总裁管彤贤

人物简介：

管彤贤，1955年毕业于北京工业学院（现北京理工大学）。1992年到上海创业，由零开始创立国有控股的上海振华重工（集团）股份有限公司（以下简称"上海振华重工公司"）。在其担任总裁的18年间，公司主产品大型集装箱机械走向世界所有有集装箱装卸作业的港口，占据世界大型集装箱机械市场近80%的份额，成为业内公认的世界知名企业。现任同济大学客座教授，组建了以上海振华重工公司为主体、有同济大学参加的产学研三结合工作室，主要研发港口机械领域的新课题。

几经周折后，我们终于见到了这位有着"港口机械之王"之称的传奇校友管彤贤：他年事虽高却有着一股年纪所不能掩饰的朝气。他用一口纯正的京腔向我们娓娓讲述自己曾跌到谷底又爬起来的人生经历。他告诫我们：人生是曲折的，面对失误和挫折，不要灰心丧气；中国古老哲学"福祸相依"是颠扑不破的真理，坏事会转化为好事，他的经历就是"有志者，事竟成"的最好例证。

屈原放逐，乃赋《离骚》

1951年，管彤贤考入北京工业学院（现北京理工大学），成为中华人民共和国成立后第二批大学生。管彤贤说，当时大学生目的都很单纯，读书就是为了祖国建设，一点都不含糊。虽然是工科，气氛也很活跃，晚上熄灯之后同室每人都要背一首古诗，不管懂不懂，先背下来再说。古典文学中的美，那时他才慢慢体会到，像李白的《春夜宴从弟桃花园序》，何等飘逸潇洒，"夫天地者，万物之逆旅也；光阴者，百代之过客也。而浮生若梦，为欢几何？"几句话，把人生都点透了。

1955年毕业后，管彤贤被分配到交通部。后来，他被下放到黑龙江东部的兴凯湖劳改农场（通称"北大荒"）劳动改造。管彤贤回忆说，北大荒当年是很美丽的地方，一望无垠的"小叶樟"草原。这种草，有一米多高，能喂牲畜、盖房、烧炕、铺床。在劳改农场，人的生命也和草一样卑微，但是旺盛、顽强。刚到北大荒的时候，大家都弱不禁风，出来之后身体倒好了，就像孙猴子，在太上老君的炉里走一遭，没有被炼化，反而长了身体和本事。

管彤贤始终认为"福祸相依"，因为坏事可以变成好事。经过人生这段不如意的岁月，他对司马迁的《报任安书》有了进一步的理解："西伯拘而演《周易》；仲尼厄而作《春秋》；屈原放逐，乃赋《离骚》"，经历浅薄的人是读不懂的。

人生不言弃，蓄力再出发

如果一名大学毕业生在23岁起步，在60岁退休，18年只不过占去了职业生涯一半的时间。但若是要求你在59岁重新创业，再历经

18载风雨,是否能挺得下来?一直使用斗牛士进行曲作为自己手机铃声的管彤贤做到了。

1976年,他被调回交通部,并一直工作到1992年。在水运司、中港总公司船机处担任处长时他59岁。对港口机械产品很熟悉的管彤贤,想不通的是:"我们有机械制造业,为什么总是进口海外的港口起重机呢?为什么不能自己干?"这种想法并没有得到很多共鸣,但也没人反对。他总觉得自己应该去试试,于是请求组织将他调往上海。

领导同意了管彤贤的申请。为享受优惠政策,通过香港的一家交通部部属公司投资50万美元,上海港机厂又以一块地皮作价50万美元,成立了注册资金100万美元的所谓中外合资企业:上海振华重工公司。管彤贤带着从上海港机厂调拨过来的十几个人,在浦东的三间简陋办公室开始创业,一干就是18年。我们都极为佩服管彤贤的勇气,管彤贤却笑笑说,自己敢进入这个行业,要感谢母校(当年的北京工业学院,现在的北京理工大学)。

管彤贤认为,当年的学习给了自己知识,特别是基础课的知识,为自己进入机械制造业奠定了基础。大学是人生中获取近代科学技术知识的阶段,是一段在严格管理下极不轻松的日子。"大学的塑造使我在遭受重大挫折后,仍有'本钱'东山再起。"管彤贤说。

管彤贤分析认为,港口起重机的特点是"技术密集+资金密集+劳动力密集"。来自美国、日本、德国、韩国的生产商,虽然技术和资金都不缺,但制造一台大型港口集装箱机械除去外购配套件还要2万~2.5万个人/工日,它们的人力成本贵我们几十倍,我们在这方面有优势。而越南、非洲的生产商,人力虽然丰富,但却没有技术和管理基础,而改革开放后的新中国正蓄势待发。此外,公司还有几手独门武器:将自重1 500吨的集装箱起重机以整机形态运抵用户码头的28艘整机运输船、可承重2 000吨的重型码头、起重能力达5 000吨的安装用浮式起重机等。综合而言，公司在这个领域具备压倒日本、美国、韩国的绝对优势。

话虽这么说，但开始的时候，上海振华重工公司既缺钱财又缺人才，更无资历业绩，幸好创业者志同道合，不畏艰苦。创业的环境虽然简陋，但士气高昂。管彤贤对自己、对公司高管都有着严格的要求。他没有个人单独的办公室，严令"今日事今日毕"，绝不允许文件过夜。他有14个副总裁，但不设总裁脱产层，每人都要兼任部门经理。他要求公司制造基地的总经理抓好食堂、浴室、宿舍，甚至厕所，管彤贤美其名曰"抓生活促生产"。从公司自制的"清凉饮料"配方到重大投资，他都要操心过问，最后拍板。所有的高管，包括管彤贤在内，既没有公司股份，也不拿高工资。振华公司被深深打上了管彤贤个人风格的烙印，也正是这样一种重实干、讲实效的作风和一系列既符合国家利益又顾及个人利益的举措，如贷款解决职工住房、购轿车、大病就医等，调动了广大职工的积极性。经过全体职工同心协力的奋斗，上海振华重工公司在全球港口机械市场，以产品技术新、质量好，价格公道，售后服务周道压倒日美欧对手，占据80%的市场份额，成为国际市场上一颗冉冉升起的新星。

学海漫漫无止境，孤灯之下写人生

谈到做事的理念，管彤贤说，要维持企业的动力，就要持续创新，而要创新，就要永远保持学习的状态。个人发展也一样，要永远保持对新事物的敏感。企业不同于学校，整日和生产的大小事打交道，荒于学习，特别是对于书本理论和中国固有文化的学习。管彤贤最喜欢给人送中华传统文化的书，他公司里的主要干部都有他赠送的大部头著作，如《中国通史》《世界通史》等。每年公司都会组织职工到各处旅游。这些事情不一定直接与生产业务有关，但能开阔眼界和胸怀，提高人的情操，增加凝聚力。管彤贤还很严肃地说："青年人尤其要好好把握校园里的时光，多看书，特别是基础理论方面的，这是有益一辈子的大事，到企业之后，工作缠着你，而且缺乏学习气氛，只能看图纸、技术资料了。"

做企业如此，做学问也如此。希望我们都能从管彤贤的寄语中领悟到耐住寂寞、上下求索的精神。假若真的能做到这一点，相信我们也能像管彤贤一样，无论从什么时候开始奔跑，都能达到梦想的彼岸。

给智能家电装上"中国芯"

——记浙江达峰科技有限公司董事长徐昌国

人物简介:

徐昌国,生于1963年,浙江江山贺村人,1987年毕业于浙江理工大学自动化专业,1992年获得东北工学院(现东北大学)系统工程专业硕士学位。毕业后被分配到位于杭州的电子工业部第五十二研究所,成为一名工程师,这份工作在当时是被无数人羡慕的"铁饭碗"。1994年研究生毕业两年的徐昌国毅然辞去工作,选择了下海创业。1997年创办杭州达峰电子有限公司,2003年成立浙江达峰科技有限公司,现任浙江达峰科技有限公司董事长。

放弃"铁饭碗",下海去创业

徐昌国研究生毕业后并没有直接选择创业,而是在杭州的一家研究所当一名工程师。在研究所的日子十分单调,所里20多人,只有4台落后的计算机。每天没有什么事情可以做,用徐昌国本人的话来概括就是"活少人多"。他还提到,在研究所里,拖地这件小事,大家都抢着做。

这时候的徐昌国也到了成家的年纪,开始考虑一些现实问题。当时杭州的房价是研究所工资负担不起的,研究所的工作虽然是众人羡慕的"铁饭碗",但工资不高,看不到发展前景。在单调无聊的日子里，徐昌国渐渐有了倦怠之意。

正在此时研究所要在深圳开设一家公司，号召员工报名。徐昌国听到消息后毫不犹豫报名去了深圳，他原本一成不变的生活，就在这个决定之后发生了翻天覆地的改变。在深圳的工作生活与研究所完全不同，徐昌国和同事们每天白天在外跑市场，晚上留在公司加班做科研，日子一下子变得忙碌而充实。

20世纪80年代，深圳受改革开放政策的支持，市场活跃，来深圳求职和创业的人络绎不绝。徐昌国提到，自己白天跑市场时，很羡慕路上开小汽车的人。当时在深圳收入好一点的人开大众汽车，最好的便是开奥迪汽车，而这些人都是在深圳独自创业的那批创业先锋。在深圳工作的徐昌国工资和当初相比已经高了很多，甚至有房地产公司开出8 000元的月薪邀请他去公司工作，这样的工资待遇完全可以在杭州买房、成家了，但徐昌国拒绝了。他看着路上开着小汽车的人，看着这座在改革开放政策下蓬勃发展的城市，心里有了更多的想法。科研单位相对清闲的工作，让这个踌躇满志、干劲十足的青年感到空虚失落。怀揣梦想的徐昌国，在深圳工作的这一年发现了机遇，下定决心下海大干一番事业，于是毕业两年后，他毫不犹豫地办理了辞职手续，开始创业。

创业之路，甘苦自知

在辞职后的前几年，徐昌国与志同道合的朋友一起合作开发电子产品，多次挫败的经历和不稳定的工作让他备受压力与亲朋好友的质疑，但坚持创业的信念却从未动摇。

1994年，经过多方努力，在朋友介绍下，徐昌国获得了常州宝马集团遥控器生产部门的承包权，逐渐积累了创业资金。1997年，常州宝马集团因经营不善而破产，徐昌国带着30多人的团队回到杭州，创办了杭州达峰电子有限公司［浙江达峰科技有限公司前身（以下简称"达峰科技"）］，研发生产空调控制器。

公司创办之初，资金不足，企业周转困难，当年的销售业绩远不如预期的那么理想。300万元的年销售额，对于公司的运作成本来说，无异于杯水车薪。虽然公司面临着资金不足带来的种种困境，但在徐昌国越挫越勇的创业激情的感召下，公司上下团结一心，无一人选择离开。"很多员工甚至愿意拿出自己的积蓄来帮助公司渡过难关，员工们的支持和坚守让我很感动，也更加坚定了我的创业信念。"徐昌国说，通过全体员工的不懈努力，次年公司开始逐步转入正轨。就在公司创立的第二年，也就是1998年，公司的年销售额达到了3 000万元。与1997年相比，增长了整整10倍！公司开始步入正轨，至2003年，徐昌国的公司初具规模，在行业内开始崭露头角。

2002年，随着发展规模的不断扩大，公司产品生产线快速扩展，从原来仅做空调控制器发展到家电全系列控制器，到与伊莱克斯、樱花、三星电子等知名企业陆续达成了合作关系。同年，公司销售额创下新高，突破1亿元。

创业之路，甘苦自知，徐昌国带领员工渡过了一个又一个难关。2005—2006年是公司的低谷时期，徐昌国的一个大客户面临倒闭的危险，但该客户还欠着徐昌国3 000多万元的货款；同时，他还要采购材料做其他客户的订单，还要偿还银行的贷款，三方压力像三座大山压在徐昌国肩头。"其实我在2004年就预测到他们公司可能会有问题，因为那时候从他那里回笼资金不太顺利。做我们这行，准确预测才能避免损失，所以，2005年年初就不打算再与他们合作了。这时候正好有人想插进来与他们合作，我就借此机会把3 000多万元的余款要了回来，虽然最后还是损失了二三百万元，但已经把损失降到了最低。"

跨过难关的达峰科技，在那一年创造的产值达 1.4 亿元。

渡过低谷的达峰科技稳步发展，如今公司已经成长为拥有 700 多名员工，下属 2 个子公司，产品覆盖智能家电控制器、工业信息、智能制造等多个领域，合作企业涵盖了松下、海尔、海信、苏泊尔等国内外知名品牌的国家高新技术企业。"达峰是国内较早从事家用电器控制器开发、生产的企业，公司的研发能力也一直处于国内同行业的领先水平。"徐昌国表示，达峰公司一直高度重视技术的发展，每年在研发上的投入均占公司营业总额的 3% 以上，公司的研发团队拥有研究生以上学历者就占了 1/3，获得的各种荣誉与奖项也多达几十项。

26 年的艰苦打拼，20 多年的商海浮沉，让徐昌国从一个满怀抱负的"书生"成长为驰骋商海的成功创业者。

团结拼搏，力达高峰

达峰科技主要致力于智能网络家电与智能家居、智能终端产品的研发、生产与销售。公司研发能力处于国内同行业的前列，目前拥有本科及以上学历研发人员 70 余人，其中教授 3 人，硕士 20 多人。每年可完成新项目 160 多项，投产 120 多个。2008 年公司获得省级高新技术企业称号，获专利及软件著作权 15 项；2010 年被认定为省级技术研发中心；公司直流变频技术获省级优秀科技产品称号。恒温燃气热水器控制器、中央空调控制器等多项技术已达到国内先进水平，在智慧社区、智能家居产品研发方面取得突破性进展。目前，正在积极开展和推进智慧社区建设。2013 年与中国工程院孙玉院士达成合作协议，聘任孙玉院士作为首席顾问，成立智慧社区院士工作站并通过验收。

2014 年成立了浙江达峰智慧家庭研究院，重点从事智能网络家电系统解决方案的理论与应用研究，目前已经开发智慧厨房模组、智慧卫浴模组整体解决方案。公司在行业里率先通过ISO9001、ISO1400、TS16949和3C认证，目前公司执行TS16949认证体系。公司研发的智能家电、智能楼宇和智慧社区控制系统产品在行业内享有很高声誉，深受用户信赖。产品以设计新颖、安全可靠、抗干扰能力强、稳定性好而著称。在智能家电领域，公司拥有樱花、尼得科、海信、远大、林内、力诺、伊莱克斯、LG、阿里斯顿等全球500强客户，20多个国内领先企业客户；在智能楼宇控制方面，与东北大学、广州广联数字家庭产业技术研究院、解放军信息工程大学、浙江大学等建立了战略合作伙伴关系。

公司视产品质量为企业生命，采用先进的设备和科学的检测工艺进行严格的品质控制，实现了从原材料投入到产品产出"一条龙"的现代化生产流程。目前，公司产品已覆盖家电控制器、医疗类控制器、汽车电子、智能网络家电、智慧厨房、智慧卫浴、物联网等类别。

在科学技术日新月异的今天，没有创新精神将无法立足市场。公司以"团结拼搏，力达高峰"为理念，在观念、技术、产品、服务、管理、企业文化和企业形象诸方面努力创新，确保企业时刻处在行业的前沿。公司的成功靠全体员工脚踏实地、锲而不舍的拼搏而获得。求实和创新永远是所有员工的行为准则。

始终如一坚持质量品质，将产品质量视作企业生命

徐昌国在接受智能头条App记者采访时表示，在与知名企业合作的过程中他发现，国内企业进步很快，但是在质量可靠性方面与国际知名品牌还有一定差距，我们的制造能力要想真正跟上国际水平就必须提升产品质量。达峰科技正是因为长期为这些看重质量品质的大企

业做配套服务，自身要求也在不断提高，达峰科技将产品质量视为企业生命，在企业的发展过程中，有过高峰也有过低谷，但是达峰科技始终坚持"质量第一"的原则，也正是将这样的高标准、严要求运用到日常的生产研发中，才为企业赢回了高品质的口碑。

与此同时，对于人才和技术的投入也是企业提升自身品质质量重要的一步，达峰科技对于技术研发和人才培养十分重视。科研投入方面，企业每年拿出销售额的3%进行研发创新；人才培养方面，不仅重视对研发人员的培养和研发队伍的建设，在相关领域，如物联网、智能家居方向，还会重点培养研发人员的专业性。

近年来，达峰科技把智能化解决方案运用到质量管理中，将数据采集、流程控制、平台建设、软硬件检测等步骤统一整合到质量管理平台中，建立完善的质量体系，服务于广大中下游企业，响应政府提出的"中国制造2025"口号，为"中国智造"贡献自身的一分力量。

紧跟智能时代步伐，借助新技术不断创造企业价值

达峰科技将智能家居、智能网络家电解决方案作为公司的重要发展方向。谈及智能家居，徐昌国对智能家居在生活中的便利性给予了高度肯定。当前无论是经济发展还是生活水平发展一日千里，人们使用智能家居，首先就是为了方便。另外，省时、省事、高效等优势都是普通家居产品所不具有的。智能家居将给人们带来全新的生活模式，可以说是一次彻底的革命。智能化概念提出已久，当今时代，不仅是智能家居，各行各业都在走智能化道路，智能是这个时代的象征，智慧生活将成为未来的发展趋势，家用电器智能化的时代已经到来。

达峰科技看好国内智能家居市场的发展前景，而5G与AI技术将是不断推动智能家居行业前行的原动力。5G对于智能家居而言，一方

面具有速度优势；另一方面的优势则是 5G 身后连接的物联网，以更快的网速实现移动终端的全控制。而 AI 技术在智能家居行业发挥的作用已经显而易见，达峰科技也已经早早布局智能家居语音识别解决方案和 HMI 解决方案，通过云语音在线、离线控制功能及人机交互技术来控制家电。其中，语音识别解决方案利用低成本、高性能的语音交互技术帮助用户简化对智能家居的控制方式、增强人机交互体验。利用语音交互功能实现智能管控，在家庭场景中，用户即使手里没有遥控器，也可以轻松操控传统家电。

达峰科技深知技术创新对于科技型企业的重要程度，作为一家以传统家电控制器起步的企业，不仅没有踏足不前、守着老业务故步自封，反而勇于"革自己的命"，以语音控制解决方案来替代传统的家电控制器，为用户提供智能化的场景需求。同时，达峰科技作为一家上游制造型企业，充分运用多年累积的经验，深耕智能家居、智能制造领域，为智能行业的发展贡献出了一份力量。

潜心研究智能网络家电解决方案，助力传统家电企业智能化升级

达峰科技的研发能力处于国内同行业前列，研发中心经过不断发展，在 2014 年成立浙江省智能技术企业研究院并在 2016 年被评为省级重点研究院。目前，达峰科技将研究重点放在了智能网络家电的解决方案上，以智能服务云平台为核心，整合智能空调、智能净水机、智能新风机、智能热水器、智能洗衣机、智能油烟机、智能电饭煲、智能烤箱、智能电冰箱、智能豆浆机等智能家电设备，通过手机 App 控制，构建智慧家庭中心控制系统，将传统的家电以智能化的模式呈现在用户面前。

达峰科技的云计算平台，由其自主研发，可以运行在电商云平台（阿里巴巴、亚马逊）或本地服务器上，还可以支持100万级的用户访问，支持其托管或用户自己托管。区别于行业内众多企业扎堆发布智能新品的做法，达峰科技从自身实际出发，专注于智能网络家电解决方案的应用和落地，助力传统家电升级，通俗来说就是把所有家电连接到同一个控制器上。如电视机有电视机的遥控板，空调有空调的遥控板，它们相互之间原本是不联通的，利用智能网络家电解决方案就可以实现相互联通，也可以更好地控制和使用，原来没有遥控器的洗衣机、洗碗机、热水器等设备也可以接入。

在如今的百姓家庭中，传统家电设备已经十分齐备，现在正在逐步接入网络中实现智能升级。但是家电设备联网并不等同于智能化，联网只是智能的第一步。真正的智能化需要传感器、网络、大数据、云平台系统等共同配合来控制家电设备，智能是一个不断自我学习、进步、完善的过程，家电智能化也同样如此。达峰科技从家电控制器开始入手，历经红外控制、射频控制，发展到如今的App控制阶段。目前，App不仅可以实现远程控制，还是用户和厂商的交流平台，售后维修入口、安装信息登记、问题记录和智能化解决、新品动态、行业消息都依托于云平台和App控制，在统一控制的基础上又满足用户个性化需求，真正帮助传统家电企业实现智能化升级。

集合各方资源优势，倾力打造智能制造科创园

作为智能家居行业的上游制造企业，达峰科技在智能硬件芯片、控制器制造方面有着明显的优势。为了更好地赋能行业中下游企业，一起积极推动我国在智能控制、智能制造方面的行业发展及应用，达峰科技打造了"智能·制造"科创园，以此构建绿色众创空间和智能

产业平台，达峰科技也将在人才培育、资金支持、创客聚集等方面为科创园企业带来帮助和支持。目前，科创园一期已经开发完成，面积达到20多万平方米。其中，达峰科创园的智慧工厂借助智能制造云平台，提供强大的数据传输、存储和处理能力，集研发、采购、生产于一身，帮助制造过程收集和处理大量数据，质量得到很好改善，生产效率大幅提升。

达峰科创园的建成和投入使用，标志着达峰科技一次新的自我发展和市场战略征程的启航，是新十年战略规划实现的一个重要里程碑，是达峰科技从传统制造型企业向现代化服务型制造企业转型升级迈出的重要一步。在行业状况整体处于相对低迷、成本剧增的现阶段，达峰科技逆势而上，通过紧跟市场热点、加大新产品和新技术的推广力度，向客户提供新服务的模式，持续保持着稳中上升的发展态势。通过不断提供适合市场需求的智能化产品，拓展产品新市场领域，提供更贴切的客户服务。达峰科技在智能控制、智能制造领域不断深耕细作，应用前沿技术与理念，紧跟科技发展步伐，始终走在行业前沿。

在当年的环境下放弃在研究所中的稳定工作而"下海"经商，需要一定的勇气与胆识，然而今日达峰科技的成功回馈了当年的勇气。在20世纪90年代的下海创业浪潮中，达峰科技凭借自身对技术、产品品质的卓越追求，在时代的浪潮中站稳脚跟。在谈及未来达峰科技是否有生产智能单品开拓C端市场时，徐昌国表示，目前达峰科技的重点依然是在产品技术研发上，相信在未来智能化技术的创新中，达峰科技将会为厂商、用户提供更加优质的产品。

创新一直是达峰科技不变的追求。作为一个搞技术、研发出身的创业人，徐昌国十分重视技术研发。同时，作为一个有着20多年创业经验的企业掌舵者，在徐昌国眼中，企业的创新更多的是以市场为导向的"小步快走"式的创新。

未来，达峰科技将进一步加大对科技研发的投入，不断开发新项目。在人员上，引进更多创新型人才，并注重对员工创新思维的培养。不断扩大与高校的人才合作，从校园里吸取创新人才，为一些高校提供科研资金，培养提高学生的科研能力；同时，也为公司的科技发展提供了不竭的动力。

积累、坚持、自信

创业路上从来没有一帆风顺，鲜花与掌声的背后是许多不为人知的坎坷与磨难。如何带领企业在激烈的市场竞争中站稳脚跟并不断发展壮大，是每个创业人日思夜想的问题，徐昌国根据自己20多年的创业经验，对当代创业的年轻人提出了以下建议。

（1）分解目标。将大目标分成若干个小目标，将一件大事情分成一件件小事情，当把这一件件小事情都做好时，大事情也就完成了。达峰科技能有今天这个规模也不是一蹴而就的，而是实现了一个又一个小目标，取得了一个又一个小成就，这些小成就组成了今日达峰科技的成功。年轻人创业也是一样的道理，先定一个小目标，然后再慢慢实现，终有一天，可以实现最终的大目标。

（2）坚持。徐昌国说这一路走来，遇到了无数大大小小的困难，但都克服了。所有的创业道路都不可能是一帆风顺的，创业道路上总有诸多困难，但徐昌国强调一句话，要相信道路是崎岖的，前途是光明的。在创办达峰科技之前，徐昌国曾有过创业失败，再创业又失败的痛苦经历，当初的创业伙伴一个个离开了，唯独徐昌国不肯放弃，他以敢闯敢拼、吃苦耐劳、坚持不懈的精神，于1997年再次创业，创办了达峰科技。年轻人不要因为一些困难就轻易放弃，要坚持下去，坚持在创业路上越挫越勇。

（3）有自信。徐昌国劝诫当代年轻人目标不要定得太低，有一个长远且优秀的目标，可以更好地帮助自己实现理想。有些年轻人低估了自己的能力，总觉得自己无法实现高目标，因此将目标定得很低，浪费了自己的才能。困难总会存在，但要有自信，相信自己都可以克服。

人生的道路没有一帆风顺的，创业之路更是如此。徐昌国在采访中提到，在当今的市场中，没有一个企业是一帆风顺而没有遇到困难的。因此，任何创业者都必须具备一种时刻准备迎接困难的思想。宏伟的事业，只有靠实实在在、微不足道的积累才能获得成功。在这个浮躁的社会里，有太多的人渴望成功，而成功的人却是少数。失败者们或许可以扪心自问，自己有没有去努力奋斗过？也许他们把成功想得太过于简单了，成功不是信手拈来，也非一蹴而就，而是靠着自信和坚持一步步积累起来的。

人不可以没有梦想，如果徐昌国没有梦想，他可能一直都待在杭州那个小研究所里安稳度日，或许日子平稳安定，没有波澜，但更不会有今日的达峰科技。年轻人总要有梦想，总要为这个梦想去拼搏、去奋斗、去创造一个不一样的自己，一个不一样的未来，一个不一样的世界！

听上去矫情，但我做农业就是为了报恩

——记北京中恒兴业科技集团有限公司董事长秦亚良

人物简介：

秦亚良，1994年毕业于北京理工大学，获得硕士学位。同年，他创立了北京中恒兴业科技集团有限公司。公司致力于数码技术、能源开发、高科技农业、城市基础建设等人本科技应用，从而提高大众的生活品质。现任北京中恒兴业科技集团有限公司董事长。

中关村的第二代创业者

如果把时间再回溯到更早一点的1993年，彼时的秦亚良正在北京理工大学攻读研究生。那时他经常联合同学开发一些图形图像软件赚钱。按他自己的说法，在那一年他卖软件、贩卖硬件就赚了1 000多万元。第二年毕业的时候，秦亚良注册了北京中恒兴业科技集团有限公司（以下简称"中恒"），算是真正从大学里直接跳到中关村下海。

1994年的中关村是DIY机的天下，秦亚良跟着这股潮流贩卖显示器、主板、显卡等器材。秦亚良把联想的柳传志划为中关村第一代创业者，把自己和七喜的易贤忠、神舟的吴海军和八亿时空的赵雷划为第二代创业者。那时秦亚良也算中关村里名头响当当的大人物之一。

到了1997年，这些DIY机的大佬们受到了品牌机的冲击，不得不思考如何转型的问题。七喜、神舟等企业纷纷开始建设生产线，布局自己的计算机整机品牌。秦亚良冷眼旁观了一阵，下定决心，不跟这股风。"门槛太低了，当时上一条组装计算机的生产线很简单，投资也低，中关村但凡是个做 DIY 机的，都扎堆进去了。"秦亚良认为自己再跟进没有任何优势，于是选择放弃整机战略，将精力集中来做数码产品的代理和渠道。后来发生的事情大家都知道了，超过九成的品牌机企业覆灭，行业在大乱之后迎来了寡头时代。秦亚良后来庆幸自己的理科生理智挽救了一场失败。

渠道为王

DIY 机的潮流过去之后，秦亚良在国外考察，认定数码产品一定是下一波科技潮流，他决意投身其中。但当时中恒并不具备开发数码产品的技术实力，他便设法引进了国外一流公司的产品。早在 1995 年，中恒就成为柯达数码相机、LG 光驱在国内的代理；1997 年与富士公司建立国内首家数码影像中心，担当富士数码相机的中国总代理；2000 年又成为佳能数码相机的中国总代理。

代理产品的市场份额均取得突破。一年内，曾默默无闻的 LG 光驱冲到市场第二的位置；富士的市场份额达到 14% 以上，仅次于索尼；佳能也获得了类似的成功。

中恒以北京为起点，慢慢将渠道铺展到华北，再逐渐延伸到全国。现在，中恒的渠道中自营零售终端超过 700 家，仅是线下的年销售额就达到了 300 亿元左右，而在几年前做一些产品的独家代理时，这个数字曾经达到了 500 亿元。

软件为体，硬件为用

尽管数码渠道板块贡献了企业中最大的一块现金流，但秦亚良并不希望旁人将他仅仅看作一个数码销售商，他在介绍中恒的业务板块时，会郑重地把IT软件研发板块放在第一位来介绍。这也是秦亚良最初创业的项目。

作为图形图像软件系统集成商，中恒在电视台这个细分市场已经做到了全国的老大，属于隐性行业冠军，2008年北京奥运会的信号转播支持就是中恒做的。

秦亚良把自己在数码硬件产品销售上取得的成功，归因于自己在软件领域的苦心经营。他说，做这些图形图像的软件集成，最终要落到硬件应用之上，国内没有这样的硬件研发制造基础，只能从国外引进。秦亚良的企业不仅成为最早一批引进硬件产品的企业，还因为软件集成的市场销售，顺带开发出了体量庞大的数码硬件市场。

从最初的批发分销到后来的自建渠道直营，秦亚良所有的产品布局都源自其软件开发应用，中恒也因此搭建了"软件研发+硬件渠道"两条腿走路的模式。

除代理国外的数码品牌外，中恒自己还在生产智能手机、数码相机、MP3、笔记本电脑、录音笔、导航仪等"DEC"自有品牌产品，这些自营品牌产品多销往拉美国家，年营业额达2亿美元。

尽管渠道销售带来了庞大的现金流，但秦亚良说渠道只能养活这家企业，由于分销利润薄，必须要开拓属于自己的高技术含量产品。

为此，2003年秦亚良投资5 000万元组建了集科技、开发、试制、生产于一体的中恒深圳科研中心。

世界看中国，中国看农业

2000年，转入数码渠道销售的中恒因为没有新的固定资产投入，有了大量的资金积累，秦亚良开始为自己的钱找出路。

投资研发用了一部分资金，剩下的资金投向什么领域？秦亚良自然而然地将目光对准了中国的稀缺供应品——土地。秦亚良说，从2000年开始，他就在北京和全国一些城市投资囤积了一些土地，开始介入房地产行业。

但做房地产并不是秦亚良的兴趣所在，他从来没有参与管理过具体的房地产项目，都是让职业经理人去做。他还是想做些有技术含量的行业。2008年金融危机爆发后，秦亚良深感没有核心技术的中国科技行业终将走到夕阳之路。他出国考察投资机会，最后发现其实最好的机会还是在中国，而中国各个行业里他又选中了农业。

2009年，秦亚良回到家乡重庆丰都成立了恒都农业，投资4.7亿元在当地启动肉牛产业链建设。

农业总要有中国人做

周围所有的人都反对秦亚良进入这个项目，他则回应说，农业总要有中国人来做，不能什么产业都是国外资本在投。

这种做农业的决心，后来被秦亚良自己认定为和他的成长环境有关。他说自己来自农村，吃过苦，而通过努力考上了大学之后，又赶上了学术和思想氛围都属于黄金年代的20世纪80年代。那个时候身边所有的人都满怀激情，有改变这个世界的强烈愿望。

秦亚良说，当时他考上大学之后，国家每个月有22.7元的补贴，这对于当时的他来说算是巨款,因为在农村的秦家一个月也没有这么多收入。秦亚良盯着记者说:"你知道这些钱意味着什么吗?意味着我还可以省下来补贴家里。很多人没有我这样的经历,也不明白我对国家的一种感情。"秦亚良经常说要记住该记住的,回报该回报的。国家当年对他的恩情如同生长的奶水,他现在做一些能够回报社会的产业,也是一种报恩。

这种报恩行动在五年前变成了总部设在家乡、投资巨大的农业项目。秦亚良说自己骨子里的书生气极浓,毕竟从高校里直接跨入中关村下海,这两个地方都是格外单纯的环境,这种单纯也演变成生意决策上的一种坚持。在农业项目上连续两年交了"高额学费"之后,秦亚良坚持把这个项目做到了全产业链产值37亿元、养殖规模亚洲第一,而且将三年后的目标锁定为100亿元。

梦想照进现实，创新推动发展

——记厦门钨业股份有限公司党委书记庄志刚

人物简介：

庄志刚，出生于 1961 年 2 月，福建惠安人，教授级高级工程师，1985 年毕业于东北工学院（现东北大学）金属物理专业，1984 年 6 月加入中国共产党，现任厦门钨业股份有限公司（以下简称"厦钨"）党委书记，兼任厦门虹鹭钨钼工业有限公司（以下简称"虹鹭"）董事长、厦门市高新技术协会会长、厦门市新材料协会会长等职位。在庄志刚的带领下，厦钨获得了 5 项国家重点新产品和 406 项国家专利。庄志刚曾获得"福建省首批优秀人才""福建省科学技术一等奖""厦门市产业科技功臣奖""厦门市科学技术进步一等奖"、国务院"政府特殊津贴""厦门市科技重大贡献奖"、第五批和第七批"厦门市拔尖人才""福建省杰出科技人才""全国有色金属行业劳动模范""福建省劳动模范"等荣誉称号。

1879 年，爱迪生发明了电灯，把人类从黑夜中彻底解放。1906 年，钨丝在照明中得到广泛应用，照亮了一个新时代。而他与团队共同努力，不断创新技术，则让全球节能灯钨丝 60% 以上使用"中国芯（钨丝）"，他就是庄志刚。

人物故事

在中国照明界,庄志刚是个传奇式的人物。他把一个名不见经传的细钨丝小改拉厂,在短短十几年做成全球最大的钨丝制造企业,令业界瞩目。

将直径为17.4毫米的3千克的钨坯条,通过锻打、焊接和反复拉拔,制成高度精密的细钨丝。最细的钨丝,8根绞合在一起,才相当于一根头发丝的直径,不借助光线,肉眼难以看到丝的存在。5千克的粗钨丝,拉成一根细钨丝,长度可以达到1 600千米,相当于从福州到北京的距离。在我国节能灯发展巅峰的2012年,中国节能灯产量占世界的80%,其中80%的钨丝来自虹鹭。2012年虹鹭生产的细钨丝达到130亿米,足以绕地球325圈,可造出150亿个节能灯泡。"有灯的地方,就有虹鹭的光芒。"这就是钨丝行业的领军企业——厦门虹鹭钨钼工业有限公司的力量。

厦门虹鹭钨钼工业有限公司是一家成立于1992年的中外合资国有控股企业,现注册资金2.09亿元,是上市公司——厦门钨业股份有限公司的核心成员,是首批国家高新技术企业,拥有国内钨钼加工行业首家企业博士后工作站,与中科院金属研究所联合成立了稀有金属加工实验室,是国内首家实现细钨丝出口的企业,是世界三大钨丝制造商之一。

理想——让全中国灯火通明

"中国的照明跟先进国家相比差距太大,可以预见,照明这个行业是未来中国最有前景的,这就是我们的机会。"这是厦门钨品厂厂长刘同高在筹备虹鹭时对庄志刚说的一段话。"让虹鹭的钨丝点亮中国,让全中国灯火通明,这也就是我当时最大的梦想。"虹鹭董事长庄志刚在回忆公司初创时说。

厦门虹鹭钨钼工业有限公司是在 1992 年由厦门钨品厂投资控股的企业,1995 年增资扩股,引入战略投资者——韩国大韩重石超硬株式会社(现公司名为"TaeguTec"),虹鹭的发展,必然与厦钨的发展联系在一起。

"1985 年,我从东北工学院(现东北大学)毕业被分配到厦门,当年接到这个录取通知书非常兴奋,因为福建有 30 多名学生考入东北工学院(现东北大学),毕业时才回来 5 个,我是其中之一。到厦门就更兴奋,都知道这是一个很美丽的海岛城市。"庄志刚饶有兴致地回忆说。但接下来的状况让他始料未及,"毕业分配后马不停蹄赶到厦门,但真正到了厦门岛,却找不到厦门钨品厂。报到证上只写厦门钨品厂,并没有写明具体地址,怎么问当地人都找不到,到厦门日报社打听无果,到地名编辑委员会也是同样无果,最后没有办法只有凭组织介绍信到市委组织部咨询,最终得知厦门钨品厂不在厦门岛内,而在偏远的海沧镇,需要从轮渡码头坐船过去。"

庄志刚向记者介绍,厦门氧化铝厂始建于 1958 年,连年亏损,1982 年开始转产钨制品,1984 年才更名为厦门钨品厂。当时信息不发达、不通畅,在 1985 年大多数当地人都还不知道厦门氧化铝厂已经改名,自然不知道厦门还有个钨品厂。

"当时交通非常不方便,每天只有一班菜船,所以没办法只能住下来,第二天早上再坐菜船去海沧。茫茫大海,船开了近 1 小时,快到了我又紧张了,一座旧村庄,哪看得到厂?我就在船上大声地问,有人去厦门钨品厂吗?钨品厂在哪里?其中有个女青年就说,我就是钨品厂的,我带你到厂里去。我挑着书,从栈道步行穿过旧村庄,行走两千米多到厂里,就是现在厦门钨业的发祥地——厦门钨品厂。"庄志刚继续回忆,"厂门口写着八个醒目的大字:同舟共济,共渡难关。一进去傻了眼,除几栋旧厂房、一根高耸的大烟囱,厂里一片荒芜,居然还有牛在里面吃草,当时心里很忐忑,这哪里是工厂。"

1984年,厦门钨品厂转产钨制品仲钨酸铵(APT)后,当年即小有盈余,净挣了12.7万元,结束了25年的亏损历史。当时的厂长刘同高就构想发展钨的深加工产品,而庄志刚就是因为这个原因被分配到厦门钨品厂。庄志刚介绍说:"1985年,中国主要还是出口仲钨酸铵(APT),还有部分出口钨精矿。钨粉出口都很难,所以深加工出口就更不可能了,无论是出口硬合金,还是出口钨丝,都是难上加难。我们出口1千克APT才赚45元,而进口一公斤细钨丝却要一万多元,你说这个差别有多大?所以厦钨要发展钨精深加工。这一年,厂里招了12名大中专毕业生入厂,就是希望能够建立自己的钨精深加工生产线。1986年,厂里派我和其他两个大学毕业生到宝鸡有色金属加工厂,学习了半年钨丝加工技术,储备技术力量,准备上钨丝生产线。"

1986—1989年,厦门钨品厂寻求国内外好几家公司搞合作,先后找了奥地利的奥钢联、匈牙利的汤斯拉姆、宝鸡有色金属加工厂、国营成都东方电子材料总厂等企业,但由于种种原因,当时的厦钨并没能上马钨丝深加工项目。"1989年12月我不得已辞职,因为满腔热情,就很想干事业,就是想做中国人自己的好钨丝。"庄志刚壮志未酬。

1992年,在离开厦钨三年半后,厦钨刘同高厂长再次找到在中外合资企业就职的庄志刚:"小庄,你是不是还回来,这是你的事业。""我很敬佩刘厂长,他当年的那段话一直激励着我,那个梦想也一直埋在我心里。"庄志刚感慨道。"所以老领导一召唤,我又回来了,来筹建虹鹭。""你有外资经验,你按照外资模式来经营,钨品厂一个人都不派,给你一块国企创新试验田。有困难你来找我,全部放给你去管。"庄志刚对老领导的信任非常感激,这也成为他工作的动力。

现实——一无所有，白手起家

"当时可真是一无所有，要白手起家。创办初期，公司户头还没开，筹备组没有钱，没有交通工具。"回忆虹鹭的成立，庄志刚感慨万千。"没有交通工具，我就把家里面的摩托车拿到公司来当交通工具。没有钱买办公用品、发基本工资，就把我家里积蓄拿出来，先垫付当筹备费。开销能省则省，出门能坐公交不坐小巴士，把一分钱掰成两半用。"

1992年9月，厦门虹鹭钨钼工业有限公司成立，公司注册资本560万元，其中合资的二股东出技术，以价值168万元的技术作价，占30%。公司实收现金资本392万元，投资总额800万元，位于湖里东方工业中心（现为湖里东方商贸大厦）11楼，设计生产规模为年产3亿米的细钨丝，年消耗粗钨丝15吨。

虹鹭成立之初，股东原始资金投入少，公司负债率极高，负担重，没有足够材料生产，第二股东原本答应每年提供15吨粗钨丝，而实际仅提供3吨多。巧妇难为无米之炊，公司要生存下去非常困难，连年亏损。"最困难的时候工资都发不出来，我每个月要去找兄弟公司借钱发基本工资，总经理很难当，非常难。当时我就思考，照明产业未来前景蛮好，我们也有理想把钨丝产业做大，但是如果按这样做下去，公司就会消亡。"对于未来、对于梦想，庄志刚也有过迷茫。

"必须要改变，改变才有出路。"在经过考察后，庄志刚有了想法与规划："在这种艰难的情况下，我认为必须自力更生，自己把粗丝做起来，形成产业链，保证原材料供应，这样才不会受到外界的限制。"但想法不等于事实，规划也需要落地，虹鹭的创业才刚刚起步。"我们四处去寻找国外高端钨丝的合作伙伴，无论公司、个人，甚至托人找国外退休的钨丝老专家,但没有合适机会,困难重重。"庄志刚回忆。"一次偶然的机会,打听到韩国有一家公司想转让部分钨丝制造二手设备,我回来就跟刘厂长说起这个情况,刘厂长一听到该公司的名字,兴奋地说:'这家公司是我们的客户!'这家公司就是虹鹭现在的股东之一——大韩重石超硬株式会社。"

1995年5月,大韩重石超硬株式会社正式投资入股虹鹭,注册资本增加到700万美元,总投资1 000万美元。虽然最初生产规模不大,只有100吨规模粗钨丝,但却跨过了一个大坎,从没有初级材料到自己建立相对完整的生产线,这对于虹鹭的发展而言是个里程碑。

"但当时的韩方并没有完全地把整条生产线给虹鹭,因为韩方也是钨丝的制造商,并不是设备的制造商,他们留一些设备用于生产微波炉磁控线圈钨丝。我当时就想,如何来构建这样一条能够超越别人的生产线。当时几乎都是1.5千克坯条生产技术,引进日本东芝、东邦、日本钨的技术装备,如果沿用过去的老方法去建生产线,重复人家的路线,那就只能永远效仿。"一个更大胆的想法在庄志刚脑海里形成。"我当时也是灵机一动,我们有了韩国大韩重石3千克垂熔技术,那能不能再借鉴其他国家、其他企业的生产线,引进他们不同工序的先进设备,虹鹭做一个'点菜拼盘'。"

有了想法还需要去实现。"我们就开始做'拼盘',日本的、加拿大的、韩国的、英国的、美国的,再加上中国的,我们做了一个'联合国'生产线'拼盘',自己做一条完整的产业链,而且不花一分钱买软件,因为这个是'拼盘',显然没有人给你完整的软件。"庄志刚对自己设计的"拼盘"非常自信。"虹鹭"采用"点菜拼盘"的方式,拼接后的生产线博采众长,更具优势,但比成套引进风险大,难度大。"虹鹭的引进策略独树一帜——引进、消化、吸收、再创新。"庄志刚进一步解释说,"同样是引进国外先进设备,人家都是从国外某企业完整地引进生产线和工艺技术,我们要靠自己消化吸收,开发与这条生产线配套的整个工艺流程。"

"虽然当年建了这么一条 100 吨坯条生产线,因为产能太低,投资太大,背不起负担,所以还是不挣钱。"谈起企业发展,庄志刚感慨万千,"走在海边,感觉办企业就像这海浪一样,真是一波未平一波又起。""企业运行还是很困难,感觉又走入死胡同了,怎么去实现最初的梦想?"怎么做到"有灯的地方就有虹鹭的光芒",所以就又抛出一个问题,如何把产业做大、把公司做强?

发展——创新为基,质量为王

"当时最大的困境就是'小',不能形成大规模生产,没有话语权,企业如何才能走出这个困境?"虹鹭生存了下来,但庄志刚心中那个梦想并没有实现。"唯一的办法就是不仅要吸收、消化国外设备,还必须自己研发设备。到国外购买设备非常昂贵,企业负担太重,想要做大、扩大产能,只能自己突破、自己做设备,把设备投资成本降下来。"

"引进拼盘"改变了虹鹭的产业链;吸收、消化、再创新,实现了虹鹭的扩张壮大。"也正是我们这种不断消化吸收再创新,才有虹鹭今天的规模和快速扩张,否则是挣不到钱的,因为辛辛苦苦挣的那点钱又要买进口设备,钱又变成了铁。"庄志刚掌舵的虹鹭再一次把握住自己的命运。"原材料有保证,产能可以提高,我们的劲有地方使,我能够自己主导命运,不被别人掐脖子,这是最关键的。"

虹鹭做设备不是简单的复制,而是把自己研究开发的工艺技术融合进去,做升级版设备,开发市面上买不到的专有设备,领先于行业。庄志刚又兴致勃勃地为记者讲述另一个创新的故事:"要把粗钨丝快速做大，3千克垂熔机是关键，国外能制造这种设备的工厂已倒闭，要进口不可能，国内也没有哪家企业能做。我在国内找到做过1.5千克垂熔机的大型兵工厂，答应给他们几倍价钱，但他们说没把握，不愿接单。没有3千克垂熔机，要扩产是不可能的，万般无奈之下，我决心带领团队自己研制。首先解决的是高电流冲击问题，原设备用的是专用机械式控制开关，当时国内外都买不到，我们就采用电子式可控硅替代，效果更好，也能减缓电流冲击。对于2 800 ℃环境的水冷散热接头，我反复测试了几十次材料，终于取得成功。经过一年多的攻关，造出了中国首台3千克垂熔机，解决了钨丝装备问题，为虹鹭扩产打下坚定基础，具有里程碑的意义。"

"要把细钨丝做大，拉丝模具是最关键的，金刚石模具的拉孔最小只有10微米左右，相当于一根头发丝的1/8，拉出来的钨丝肉眼看不见。超细孔径金刚石模具技术，当时几乎都是国外控制模具，要价非常高，都加价2~3倍卖给中国企业。虹鹭要扩产，而且我们目标又那么远大，金刚石模具又是消耗品、易耗品，这个问题严重阻碍我们的发展。""我们把国内所有的优秀模具厂召集到厦门，目的不是谈价格、压价，我和他们说，你们把质量做好，做到能够媲美国外，虹鹭加价购买。"做自己的拉丝模具，其实也并不全是虹鹭的本意，但国内厂商"不给力"，逼迫虹鹭自己创新创造。庄志刚说："没有一家供应商能做出虹鹭需要的模具，由于国内买不到，进口成本又太高，而且在供货时间、数量上都受制约，这就促使了虹鹭下决心要自己做，只有把自己的模具做起来，虹鹭才能继续扩张发展。"

"但问题又转回来了，虹鹭没有做模具的基础，也没有做模具的技术，只能向国外寻求帮助，但全世界没人跟你玩，因为我教给你了，你又成为我的竞争对手，你把我的饭碗抢了。"自己做肯定困难重重，庄志刚也早有准备，"虹鹭采用什么办法呢？我们找了世界四大模具企业，先给他们下订单，忍受高几倍的天价，然后谈条件：一是人，我买你的模具，你必须让我的人到你的工厂去培训学习；二是物，你必须卖给我制修模的设备，而且是关键设备。"

"技术成熟后，我们开始试做模具，悄悄地把这个模具生产线给建完整了，慢慢地把国外采购量降低，到最后不仅可以自给自足，还可以外卖。"通过派人学习培训、购买设备消化吸收、回到家里磨炼，庄志刚的"洋务运动""师夷长技以制夷"的模式成功实现。"钨丝产业，模具是核心，今天，虹鹭金刚石拉丝模的实力在国内仍是最强的！"庄志刚自豪地说。"正是有了高质量精密模具的供应，细钨丝产业才能做大，虹鹭细钨丝最高时年产130多亿米，当年生产的细钨丝可以绕地球325圈。"

有了原材料供应，装上"拼盘"生产线，解决了扩产瓶颈3千克垂熔机问题和关键拉丝模的供给难题，虹鹭的拼劲有地方使了。庄志刚带领团队，系统性地对比研究中国钨丝制造技术与世界先进水平之间存在的差距，以钨掺杂、制粉、垂熔、焊接、压力加工等一系列工艺技术创新为突破口，结合装备技术改造和工装模具的技术进步，精心组织、科学攻关，解决了几十项技术难题，成功地开发出高性能单根质量3~5千克细钨丝和单根质量8~12千克粗钨丝。这两项新产品的质量达到国际先进水平，不仅荣获了福建省优秀新产品一等奖，还替代了进口产品，填补了国内产品的市场空白，打破了中国不能出口细钨丝的历史。其产品的40%左右出口到国际高端照明市场，是世界三大照明公司（美国GE照明、荷兰飞利浦照明和德国欧斯朗照明）的唯一中国钨丝供应商，特别是全球节能灯用钨丝的60%以上均使用厦门虹鹭的"中国芯（钨丝）"，使厦钨一跃成为全球最大的钨丝供应商，创造了显著的经济社会效益。20世纪90年代，随着人民群众生活水平的日益提高、电力系统的快速发展，虹鹭在行业内独领风骚，成为国内行业龙头。2000年起，公司的产品销量、质量和经济效益连续位居同行第一。

随着中国加入世贸组织、节能环保观念的兴起，节能灯逐步取代白炽灯。"白炽灯变成节能灯，成了虹鹭跨入新世纪的第一个挑战。"庄志刚说，"很多普通老百姓认为节能灯里没有钨丝，这是个误解。节能灯的灯丝仍由钨丝构成，只是对钨丝的直径均匀性、质量稳定性要求更高，上面涂有电子粉，但主要作用不是发光，而是发射电子。钨丝加热电子粉发射的电子轰击汞原子，放出紫外线激发荧光粉发光。"

"节能灯将来是市场热点，我们要大力开发节能灯钨丝。"庄志刚对当时市场的判断很清晰，市场预测与后来的情况完全吻合。从2000年虹鹭跻身全球钨钼丝企业三强之列，到2012年中国节能灯发展的巅峰时期，虹鹭借助中国节能灯的发展创造了一段"有灯的地方就有虹鹭的光芒"的辉煌历史。

壮大——管理为先，品牌制胜

2000年，作为受邀的全球唯一钨丝供应商，虹鹭参加了美国通用电气集团公司的供应商大会。"通用电气是由爱迪生创办的，而爱迪生发明了灯泡，作为一家钨丝供应商，我们非常自豪和骄傲，这是对虹鹭的认可。"庄志刚对这次经历非常难忘。

"当时的供应商大会在克利夫兰——通用照明的总部召开。总部门口的路叫作'Tungsten Road'（以钨命名的道路），通用电气有自己的钨丝产业，但还是选择我们作为唯一外部供应商，我们倍感自豪，虹鹭的品牌终于走向世界。"虹鹭现任总经理李明琪说道。2001年，虹鹭牌钨丝首次打入美国通用电气匈牙利公司，标志着中国钨丝产品正式走出国门。

"从创立之初,我们一直坚持做'虹鹭牌',当时非常不容易。成立时,虹鹭的合资方第二大股东是中国产能最大、名气最大、粉丝最多的,合资方曾经建议'你就作为我们的一个附属加工厂,贴我们的品牌。'""从某种意义上来讲这是很好的,因为合资方名气大,它可以带虹鹭走一程,虹鹭刚起步,规模太小,仅仅是个改拉厂,名不见经传,但是在心里面我是非常不愿意的,我一定要做虹鹭牌。"庄志刚说,"只有通过自己的品牌、自己的质量,才能够创造自己的品牌价值。"

虹鹭是如何树立自己的品牌价值的?面对记者的问题,庄志刚也有自己的见解,"想在市场上被尊重,必须把质量做好,把服务做好,产品有竞争优势,而并不是说产品是低价的。""虹鹭自始至终有两大武器:一是技术创新,人家教给我们的不仅要学会,还要去超越别人;二是品牌塑造,必须要通过质量来打造虹鹭的品牌。我们提出的口号是'不求产量最大,但求质量最好!'"庄志刚的话掷地有声。

"技术创新要突破别人。例如,最开始大多数中国公司用的基本是苏联的单模拉丝技术,但国际上流行的已经是英国和日本的多模技术,放线收线中间是过了四道、六道甚至更多模具,很明显多模技术效率高,能耗低。"庄志刚感慨,"但是这个技术当时在国内不能被普遍应用,很多企业买的设备用不起来,因为要求更高。为什么?因为通过每一道模孔的金属流量如果没算准很容易拉断,对模具精度要求非常高,但我们认为这个是先进的技术,我们应该想办法去突破这些难题。"

突破的不仅是技术上的困难,还有管理上的困难,如人的因素。"很多工人不想用这个设备,因为师傅教的是单模,而且那个拉得很顺,但是效率太低了,又占地又耗能。"庄志刚解释道,"所以虹鹭极力在机制上打破过去固有的平均分配制度,建立绩效管理体系,让工人关注质量、关注效率。"

"所以说质量的提升与把控,核心是人。"庄志刚接着说,"首先是要有工匠精神,无论何时、无论何地,都要有精益求精、追求极致的工匠精神。其次是要一切为客户着想,为客户创造更高的价值。这个要求更高,除提供产品价值外,还要帮助客户做更多的一些服务。最后是制度建设,特别是分配制度和薪酬制度的改革。""在虹鹭有句格言'一丝不苟',这里的'丝'有两层含义:一个是工匠精神的一丝不苟,另一个是虹鹭的钨'丝'。对每一根丝的态度都一丝不苟,每一根丝的质量都要做到精益求精。这是庄总当初提出的虹鹭的质量方针,也是打造虹鹭品牌的核心。"李明琪补充道。

"在'为客户创造更高价值'的经营理念的指导下,我们一直坚持'提升经销商的知名度,为经销商创造更高价值'和'提升终端客户的黏合度,为终端客户创造更高价值'的宗旨。"李明琪表示。在产品上,虹鹭根据客户的使用特点,结合虹鹭在钨丝生产上的技术积累和领先优势,对线切割电火花放电原理深入研究,积极了解客户需求,对不同切割材料进行研究分类,开发出满足不同切割材料所需的线切割钼丝。在营销上,虹鹭通过"线上服务终端客户、线下终端客户与经销商成交"的O2O模式,让终端客户与虹鹭在互联网上有良好的互动并建立信任关系,使经销商与终端客户更加顺利成交,以让终端客户不断受益,让经销商更加轻松地经销"虹鹭"品牌,是虹鹭的最终目的。

未来——钨钼材料的革新者

从传统的白炽灯,到荧光灯、节能灯、卤素灯、HID,再到近几年飞速发展的LED,虹鹭一路走来,一直紧跟产业步伐,不断自我革新,引领行业发展。公司从弱小逐步发展壮大,不仅需要虚心学习,更需要善于总结提高。天上不会掉馅饼,很多时候看似靠运气,但实际上更多的是机遇来临前的充分准备。

面对未来，面对挑战，庄志刚和虹鹭如何面对？"我们要做好我们的主业——细钨丝，抓住'金色的尾巴'。开放高端汽车灯用鹤丝，并不断开发非照明用细钨丝的新用途。细钼丝以线切割丝为主，开发高强度耐磨的高端钼丝，也做成世界第一。"

LED的发展终究是照明发展的大趋势，照明用钨丝的市场需求量呈现不可逆的下滑。面对挑战，庄志刚的思路很清晰："我们要利用团队优势、技术优势，整合新的资源，拓展新的产业，开拓新蓝海。"虹鹭的工程技术人员经过深入研究，将生产钨杆的工艺成功引入蓝宝石长晶炉发热体用钨杆的生产之中，开发出长寿命、低变形量的钨发热体。目前，这种钨发热体已经成为蓝宝石生产企业的首选材料，综合性价比提高了很多，占市场份额80%以上。在钨钼制品上发力，做各种钨制品，特别是单根长2.5米，直径为80毫米的钨棒，是国内首创，打破国外垄断。

从1992年年产细钨丝三亿米的改拉小厂，到如今钨丝产销量世界第一，厦门虹鹭历经风雨、不忘初心，跻身世界三大钨丝制造商首位，实现了"有灯的地方就有虹鹭的光芒"的梦想。"我希望虹鹭有一个新的飞跃，再规划一些新的产品，产业结构做一些调整。"作为创业者的庄志刚，老骥伏枥、志在千里。"虽然说我年纪渐长，但是我的性格就是这样，充满激情。我希望助推虹鹭华丽转身，实现高质量增长。"

不懈努力，终获骄人业绩

天道酬勤，2006年庄志刚通过竞聘，担任厦钨总裁，他带领班子成员，落实董事会提出的战略布局，取得了丰硕成果。在他的带领下，公司快速进入稀土行业，取得了具有战略意义的发展成果，并成为全国六大稀土集团之一。公司还稳步进入新能源材料领域，贮氢材料和锂离子材料规模与品质达到了国际一流、国内领先的发展水平。公司还合理布局钨深加工领域，大幅提升了公司的竞争力：一是硬质合金产品的产能于2015年上升至全国前茅，钨丝产销量连年实现全球第一；二是在整合和获取矿山资源方面取得了卓著的成果，为厦钨后续发展奠定了坚实基础；三是新开发钨异型制品等新产品成功投入市场，有效克服了LED对传统丝材产品的影响。这些举措促进了虹鹭公司产品转型，探索出一条"以自主创新培育人才，以机制选拔人才，以人才推动创新，以创新促进发展"的可持续发展之路。

2006—2014年，在庄志刚担任厦钨总裁期间，厦钨各项经营业绩卓著，累计实现营业收入666.59亿元，净利润62.08亿元，上交各项税金72.04亿元，向股东派发现金股利11.16亿元。在他任期末，营业收入和净利润比上任之初分别增长2.52倍和2.59倍，公司净资产由2005年年末的12.3亿元增长到2014年年末的90.91亿元，增长6.39倍，实现了国有资产的大幅增值。同时，职工收入也大幅提高，住房、福利不断改善，为国家、企业、股东、社会作出了重大贡献。

靠7万元自有资金，贷款20万元，从260万元资产起步，到目前的200多亿元市值，厦钨用30多年的打拼实现了凤凰涅槃，成为引领全球钨行业的风向标。展望未来，厦钨党委书记庄志刚底气十足："我们有信心把厦钨建成世界一流的公司，通过新能源材料把厦钨做大，通过硬质合金把厦钨做强，我们的战略定位是非常清晰的：始终把精深加工作为我们长期发展的方向。这是我们坚定不移的方针。"

第三部分
国家创业工作文件汇编

教育部关于举办中国国际大学生创新大赛（2024）的通知

教高函〔2024〕9号

各省、自治区、直辖市教育厅（教委），新疆生产建设兵团教育局，有关部门（单位）教育司（局），部属各高等学校、部省合建各高等学校，国家开放大学：

为贯彻落实党的二十大精神，深入贯彻落实习近平总书记关于教育的重要论述和给"青年红色筑梦之旅"大学生重要回信精神，"三位一体"统筹推进教育、科技、人才工作，把创新教育贯穿教育活动全过程，加强拔尖创新人才自主培养，培育新质生产力发展新动能，为教育强国建设支撑引领中国式现代化作出更大贡献，教育部定于2024年4月至10月举办中国国际大学生创新大赛（2024）。现将有关事项通知如下。

一、大赛主题

我敢闯，我会创。

二、总体目标

更中国、更国际、更教育、更全面、更创新、更协同，落实立德树人根本任务，传承和弘扬红色基因，聚焦"五育"融合创新创业教育实践，开启创新创业教育改革新征程，激发青年学生创新创造热情，打造共建共享、融通中外的国际创新盛会，让青春在全面建设社会主义现代化国家的火热实践中绽放绚丽之花。

——更中国。更深层次、更广范围体现红色基因传承，充分展现新发展阶段高水平创新教育的丰硕成果，集中展示新发展理念引领下创新人才培养的中国方案，提升新时代中国高等教育的感召力。

——更国际。深化创新教育国际交流合作，汇聚全球知名高校、企业和创业者，服务以国内大循环为主体、国内国际双循环相互促进的新发展格局，搭建全球性创新创业竞赛平台，提升新时代中国高等教育的影响力。

——更教育。推动思想政治教育、专业教育与创新教育深度融合，弘扬劳动精神，加强学生创新实践能力培养，造就敢想敢为又善作善成的新时代好青年，提升新时代中国高等教育的塑造力。

——更全面。推进职普融通、产教融合、科教融汇，鼓励各学段学生积极参赛，形成创新创业教育在高等教育、职业教育、基础教育、留学生教育等各类各学段的全覆盖，打通人才培养各环节，提升新时代中国高等教育的引领力。

——更创新。积极开辟发展新领域新赛道，不断塑造发展新动能新优势，丰富竞赛内容和形式，激发全社会创新创造动能，促进高校创新成果转化应用，进一步服务国家重大战略需求和经济社会高质量发展，提升新时代中国高等教育的创造力。

——更协同。充分发挥大赛平台纽带作用，促进优质资源互联互通，推动形成开放大学、开放产业、开放问题的良好氛围，助推大赛项目落地转化，营造支持青年大学生创新创业、共同合作、互相包容、互相支持的良好生态。

三、主要任务

以赛促教，探索人才培养新途径。全面提高人才自主培养质量，强化高校课程思政建设，深入推进新工科、新医科、新农科、新文科建设，深化创新创业教育改革，引领各类学校人才培养范式深刻变革，形成新的人才培养质量观和质量标准，切实提高学生的创新精神、创新意识和创新能力。

以赛促学，培养创新创业生力军。着力造就拔尖创新人才，激励广大青年扎根中国大地了解国情民情，在创新创业中增长智慧才干，怀抱梦想又脚踏实地，敢想敢为又善作善成，做有理想、敢担当、能吃苦、肯奋斗的新时代好青年。

以赛促创，搭建产教融合新平台。把教育融入经济社会发展，推动成果转化和产学研用融合，促进教育链、人才链与产业链、创新链有机衔接，以创新引领创业、以创业带动就业，推动形成高校毕业生更高质量创业就业的新局面。

四、大赛内容

（一）主体赛事。包括高教主赛道、"青年红色筑梦之旅"赛道、职教赛道、产业命题赛道和萌芽赛道（详见附件1～5）。

（二）"青年红色筑梦之旅"活动（详见附件2）。

（三）同期活动。即大赛优秀项目资源对接会、大学生创新成果展、世界大学生创新论坛、世界大学生创新指数框架体系发布会等系列活动。

五、组织机构

（一）大赛由教育部、中央统战部、中央网信办、国家发展改革委、工业和信息化部、人力资源社会保障部、农业农村部、中国科学院、中国工程院、国家知识产权局、国家乡村振兴局、共青团中央和上海市人民政府联合主办，上海交通大学和闵行区人民政府共同承办。

（二）大赛设立组织委员会（以下简称大赛组委会），由教育部和上海市人民政府主要负责同志担任主任、教育部和上海市分管负责同志担任副主任、教育部高等教育司主要负责同志担任秘书长、有关部门（单位）负责同志作为成员，负责大赛的组织实施。

（三）大赛设立专家委员会，负责项目评审等工作。

（四）大赛设立纪律与监督委员会，负责对赛事组织、参赛项目评审、协办单位相关工作等进行监督，对违反大赛纪律的行为予以处理。

（五）各省级教育行政部门可成立相应的赛事机构，负责本地比赛的组织实施、项目评审和推荐等工作。

六、参赛要求

（一）参赛项目能够紧密结合经济社会各领域现实需求，充分体现高校在新工科、新医科、新农科、新文科建设等方面取得的成果，培育新产品、新服务、新业态、新模式，促进制造业、农业、卫生、能源、环保、战略性新兴产业等产业转型升级，促进人工智能、数字技术与教育、医疗、交通、金融、消费生活、文化传播等深度融合（各赛道参赛项目类型详见附件）。

（二）参赛项目应弘扬正能量，践行社会主义核心价值观，真实、健康、合法。不得含有任何违反《中华人民共和国宪法》及其他法律法规的内容。所涉及的发明创造、专利技术、资源等必须拥有清晰合法的知识产权或物权。参赛项目如有涉密内容，参赛前须进行脱敏处理。如有抄袭盗用他人成果、提供虚假材料等违反相关法律法规或违背大赛精神的行为，一经发现即刻丧失参赛资格、所获奖项等相关权利，并自负一切法律责任。

（三）参赛项目只能选择一个符合要求的赛道报名参赛，根据参赛团队负责人的学籍或学历确定参赛团队所代表的参赛学校，且代表的参赛学校具有唯一性。参赛团队须在报名系统中将项目所涉及的材料按时如实填写提交。已获本大赛往年总决赛各赛道金奖和银奖的项目，不可报名参加今年大赛。

（四）参赛人员（不含产业命题赛道参赛项目成员中的教师）年龄不超过 35 岁（1989 年 3 月 1 日及以后出生）。

（五）各省级教育行政部门及各有关学校要严格开展参赛项目审查工作，确保参赛项目的合规性和真实性。审查主要包括参赛资格以及项目所涉及的科技成果、知识产权、财务状况、运营、荣誉奖项等方面。其中，入围省赛的项目由各学校汇总后加盖公章报省级教育行政部门；入围总决赛的项目由各省级教育行政部门汇总后加盖公章报教育部高等教育司。

七、比赛赛制

（一）大赛主要采用校级初赛、省级复赛、总决赛三级赛制（不含萌芽赛道以及国际参赛项目）。校级初赛由各院校负责组织，省级复赛由各地负责组织，总决赛由各地按照大赛组委会确定的配额择优遴选推荐项目。大赛组委会将综合考虑各地报名团队数（含邀请国际参赛项目数）、参赛院校数、往年获奖项目情况和创新教育工作情况等因素分配总决赛名额。

（二）大赛共产生 4250 个项目入围总决赛（港澳台地区参赛名额单列），其中高教主赛道 2300 个（国内项目 1800 个、国际项目 500 个）、"青年红色筑梦之旅"赛道 650 个、职教赛道 650 个、产业命题赛道 450 个、萌芽赛道 200 个。

（三）高教主赛道每所高校入选总决赛项目不超过 5 个，"青年红色筑梦之旅"赛道每所院校入选总决赛项目不超过3个，职教赛道每所院校入选总决赛项目不超过3个，产业命题赛道每道命题每所院校入选项目不超过3个，萌芽赛道每所学校入选总决赛项目不超过2个。

八、赛程安排

（一）参赛报名（2024年5—8月）。参赛团队通过登录全国大学生创业服务网（网址：https://cy.ncss.cn）进行报名，在"资料下载"板块可下载学生操作手册指导报名参赛。通过微信公众号（名称为"全国大学生创业服务网"或"中国国际大学生创新大赛"）进行赛事咨询。评审规则将于近期公布，请登录全国大学生创业服务网查看具体内容。

报报名系统开放时间为2024年5月15日，报名截止时间由各地根据复赛安排自行决定，但不得晚于8月1日。国际参赛项目通过全球青年创新领袖共同体促进会官网进行报名（网址：www.pilcchina.org），具体安排另行通知。

（二）初赛复赛（2024年6—8月）。各地各学校登录https://cy.ncss.cn/gl/login进行大赛管理和信息查看。省级管理用户使用大赛组委会统一分配的账号进行登录，校级账号由各省级管理用户进行管理。初赛复赛的比赛环节、评审方式等由各校、各地自行决定。各地应在8月31日前完成省级复赛，并完成入围总决赛的项目遴选工作（推荐项目应有名次排序，供总决赛参考）。国际参赛项目的遴选推荐工作另行安排。

（三）总决赛（2024年10月）。大赛设金奖、银奖、铜奖；另设省市组织奖、高校集体奖及若干单项奖。入围总决赛的项目将通过评审，择优进入总决赛现场比赛，决出各类奖项。大赛组委会通过全国大学生创业服务网、国家大学生就业服务平台（https://www.ncss.cn）为参赛团队提供项目展示、创业指导、人才招聘、资源对接等服务，各项目团队可登录上述网站查看相关信息，各地各校可充分利用网站资源，为参赛团队做好服务。

九、工作要求

（一）宣传发动。各地各校要认真做好大赛的宣传动员和组织工作，确保参赛师生充分了解大赛、积极参与大赛。

（二）协调组织。各省级教育行政部门要统筹协调高教、职教和基教等职能处室共同参与，组织做好省域内比赛和项目推荐工作。

（三）提供支持。各校要做好学校初赛组织工作，为在校生和毕业生参赛提供必要的条件和支持。华为技术有限公司将为参赛团队提供多种资源支持。

（四）扩大共享。各地各校要结合实施教育数字化战略行动，依托国家智慧教育公共服务平台，加强创新创业教育资源共享，推动创新创业项目对接和落地转化。

十、其他

本通知所涉及内容的最终解释权，归中国国际大学生创新大赛组委会所有。

十一、联系方式

（一）大赛工作QQ群号为760259385，请各省级教育行政部门指定两名工作人员加入该群，便于赛事工作沟通交流。

（二）大赛组委会联系人：

教育部学生服务与素质发展中心　萧潇

联系电话：010-68352259

电子邮箱：jybdcw@chsi.com.cn

地址：北京市西城区西直门外大街18号金贸大厦C3座

邮编：100044

上海交通大学 张杨

联系电话：021-34205215

传真：021-34205215

电子邮箱：cxds@sjtu.edu.cn

地址：上海市闵行区东川路 800 号

邮编：200240

教育部高等教育司综合处 曹原

联系电话：010-66097814

电子邮箱：internetplus@moe.edu.cn

地址：北京市西城区大木仓胡同 37 号

邮编：100816

附件：1. 中国国际大学生创新大赛（2024）高教主赛道方案

    2. 中国国际大学生创新大赛（2024）"青年红色筑梦之旅"活动方案

    3. 中国国际大学生创新大赛（2024）职教赛道方案

    4. 中国国际大学生创新大赛（2024）产业命题赛道方案

    5. 中国国际大学生创新大赛（2024）萌芽赛道方案

教育部

2024 年 4 月 28 日

附件1

中国国际大学生创新大赛（2024）
高教主赛道方案

第中国国际大学生创新大赛（2024）设高教主赛道（含国际参赛项目），具体实施方案如下。

一、参赛项目类型

（一）新工科类项目：大数据、云计算、人工智能、区块链、虚拟现实、智能制造、网络空间安全、机器人工程、工业自动化、新材料等领域，符合新工科建设理念和要求的项目；

（二）新医科类项目：现代医疗技术、智能医疗设备、新药研发、健康康养、食药保健、智能医学、生物技术、生物材料等领域，符合新医科建设理念和要求的项目；

（三）新农科类项目：现代种业、智慧农业、智能农机装备、农业大数据、食品营养、休闲农业、森林康养、生态修复、农业碳汇等领域，符合新农科建设理念和要求的项目；

（四）新文科类项目：文化教育、数字经济、金融科技、财经、法务、融媒体、翻译、旅游休闲、动漫、文创设计与开发、电子商务、物流、体育、非物质文化遗产保护、社会工作、家政服务、养老服务等领域，符合新文科建设理念和要求的项目；

（五）"人工智能+"项目：聚焦于人工智能深度融合经济社会各领域发展，赋能千行百业智能化转型升级，符合"人工智能+"发展理念和要求的项目。

参赛项目团队应认真了解和把握新质生产力的内涵及要求，结合以上分类及项目实际，合理选择参赛项目类别，根据"四新""人工智能+"建设内涵和产业发展方向选择相应类型。

二、参赛方式和要求

（一）本赛道以团队为单位报名参赛。允许跨校组建参赛团队，每个团队的成员不少于3人，不多于15人（含团队负责人），须为项目的实际核心成员。参赛团队所报参赛项目，须为本团队策划或经营的项目，不得借用他人项目参赛。

（二）按照参赛学校所在的国家和地区，分为中国大陆参赛项目、中国港澳台地区参赛项目、国际参赛项目三个类别。国际参赛项目和中国港澳台地区参赛项目可根据当地教育情况适当调整学籍和学历的相关参赛要求。

（三）所有参赛材料和现场答辩原则上使用中文或英文，如有其他语言需求，请联系大赛组委会。

三、参赛组别和对象

根据参赛申报人所处学习阶段，项目分为本科生组、研究生组。根据项目发展阶段，本科生组和研究生组均内设创意组、创业组，并按照新工科、新医科、新农科、新文科、"人工智能+"设置参赛项目类型。

具体参赛条件如下：
（一）本科生组
1.创意组
（1）参赛项目具有较好的创意和较为成型的产品原型或服务模式，在大赛通知下发之日前尚未完成工商等各类登记注册。
（2）参赛申报人须为项目负责人，项目负责人及成员均须为普通高等学校全日制在校本专科生（不含在职教育）。
（3）学校科技成果转化项目不能参加本组比赛（科技成果的完成

人、所有人中参赛申报人排名第一的除外）。

2.创业组

（1）参赛项目须已完成工商等各类登记注册（在大赛通知下发之日前注册）。

（2）参赛申报人须为项目负责人且为参赛企业法定代表人，须为普通高等学校全日制在校本专科生（不含在职教育），或毕业5年以内的全日制本专科学生（即2019年之后的毕业生，不含在职教育）。企业法定代表人在大赛通知发布之日后进行变更的不予认可。

（3）项目的股权结构中，企业法定代表人的股权不得少于10%，参赛团队成员股权合计不得少于1/3。

（二）研究生组

1.创意组

（1）参赛项目具有较好的创意和较为成型的产品原型或服务模式，在大赛通知下发之日前尚未完成工商等各类登记注册。

（2）参赛申报人须为项目负责人，须为普通高等学校全日制在校研究生。项目成员须为普通高等学校全日制在校研究生或本专科生（不含在职教育）。

（3）学校科技成果转化项目不能参加本组比赛（科技成果的完成人、所有人中参赛申报人排名第一的除外）。

2.创业组

（1）参赛项目须已完成工商等各类登记注册（在大赛通知下发之日前注册）。

（2）参赛申报人须为项目负责人且为参赛企业法定代表人，须为普通高等学校全日制在校研究生，或毕业5年以内的全日制研究生学历学生（即2019年之后的研究生学历毕业生）。企业法定代表人在大赛通知发布之日后进行变更的不予认可。

（3）项目的股权结构中，企业法定代表人的股权不得少于10%，参赛团队成员股权合计不得少于1/3。

四、奖项设置

（一）本赛道设置金奖、银奖、铜奖，中国大陆参赛项目设金奖200个、银奖400个、铜奖1200个，中国港澳台地区参赛项目设金奖10个、银奖20个、铜奖另定，国际参赛项目设金奖50个、银奖100个、铜奖350个。

（二）获得金奖项目的指导教师为"优秀创新创业导师"（限前五名）。

附件2

中国国际大学生创新大赛（2024）"青年红色筑梦之旅"活动方案

中国国际大学生创新大赛（2024）继续在更大范围、更高层次、更有温度、更深程度上开展"青年红色筑梦之旅"活动。具体方案如下。

一、主要目标

不断拓展"青年红色筑梦之旅"活动的时代内涵，推动习近平新时代中国特色社会主义思想入眼入耳入脑入心，使广大青年学生深刻领悟"两个确立"的决定性意义，自觉增强"四个意识"，坚决做到"两个维护"，坚定不移听党话、跟党走，厚植家国情怀、扎根中国大地，用创新实践服务国家、服务人民，将个人奋斗融入强国建设、民族复兴伟业，成为社会主义合格建设者和可靠接班人，为全面建设社会主义现代化国家贡献青春力量。

二、主要活动与时间安排

（一）制定方案（2024年4—5月）

各省级教育行政部门要聚焦科技创新、乡村振兴、城市社区治理、城乡融合发展，结合地方实际需求，制定本地2024年"青年红色筑梦之旅"活动方案，要明确活动时间、地点、规模、形式、支持条件等内容，并于2024年5月30日前报送至大赛组委会（电子邮箱：internetplus@moe.edu.cn）。

（二）活动报名（2024年5—8月）

各省级教育行政部门要积极挖掘本地优质创新创业项目参与活动，

组织团队登录全国大学生创业服务网（网址：https://cy.ncss.cn）或微信公众号（名称为"全国大学生创业服务网"或"中国国际大学生创新大赛"）进行报名，报名系统开放时间为5月15日至8月1日。

（三）启动仪式（2024年5月）

大赛组委会将于5月在上海市举行2024年"青年红色筑梦之旅"活动全国启动仪式，举办多项同期活动，具体安排另行通知。

（四）组织实施（2024年5—9月）

各省级教育行政部门在全面总结历年"青年红色筑梦之旅"活动的基础上，负责组织本地"青年红色筑梦之旅"活动，认真做好需求对接、培训宣传及创造项目落地环境等工作。大学生项目团队要积极深入城乡基层，利用专业知识开展创新创业。高校要通过大学生创新创业训练计划项目、创新创业专项经费、校地协同等多种形式，努力实现项目长期对接。

（五）总结表彰（2024年9—10月）

各地各高校要及时做好本次活动的经验总结和成果宣传。

三、"青年红色筑梦之旅"赛道安排

参加"青年红色筑梦之旅"活动的项目，符合大赛参赛要求的，可自主选择参加"青年红色筑梦之旅"赛道。

（一）参赛项目要求

1.参加"青年红色筑梦之旅"赛道的项目应符合大赛参赛项目要求，同时在推进农业农村、城乡社区经济社会发展等方面有创新性、实效性和可持续性。

2.以团队为单位报名参赛。允许跨校组建团队，每个团队的参赛成员不少于3人，不多于15人（含团队负责人），须为项目的实际核心成员。参赛团队所报参赛创业项目，须为本团队策划或经营的项目，不得借用他人项目参赛。

3.参赛申报人须为项目负责人，须为普通高等学校全日制在校生（包括本专科生、研究生，不含在职教育），或毕业5年以内的全日制学生（即2019年之后的毕业生，不含在职教育）；国家开放大学学生（仅限学历教育）。企业法定代表人在大赛通知发布之日后进行变更的不予认可。

（二）参赛组别和对象

参加"青年红色筑梦之旅"赛道的项目，须为参加"青年红色筑梦之旅"活动的项目。否则一经发现，取消参赛资格。根据项目性质和特点，分为公益组、创意组、创业组。

1.公益组

（1）参赛项目不以营利为目标，积极弘扬公益精神，在公益服务领域具有较好的创意、产品或服务模式的创业计划和实践。

（2）参赛申报主体为独立的公益项目或社会组织，注册或未注册成立公益机构（或社会组织）的项目均可参赛。

2.创意组

（1）参赛项目基于专业和学科背景或相关资源，解决农业农村和城乡社区发展面临的主要问题，助力乡村振兴和社区治理，推动经济价值和社会价值的共同发展。

（2）参赛项目在大赛通知下发之日前尚未完成工商等各类登记注册。

3.创业组

（1）参赛项目以商业手段解决农业农村和城乡社区发展面临的主要问题、助力乡村振兴和社区治理，实现经济价值和社会价值的共同发展，推动共同富裕。

（2）参赛项目在大赛通知下发之日前已完成工商等各类登记注册，

项目负责人须为法定代表人。项目的股权结构中，企业法定代表人的股权不得少于10%，参赛成员股权合计不得少于1/3。

（三）奖项设置

1.本赛道设置金奖70个、银奖140个、铜奖440个。

2.获得金奖项目的指导教师为"优秀创新创业导师"（限前五名）。

四、工作要求

（一）高度重视、精心组织。各地要成立专项工作组，推动形成政府、企业、社会联动共推的机制，确保各项工作落到实处。

（二）统筹资源、加强保障。各地要积极协调地方政府有关部门，以及行业企业、公益机构、投资机构等，通过政策倾斜、资金支持、设立公益基金等方式为活动提供保障。

（三）广泛宣传、营造氛围。各地应认真做好本次活动的宣传工作，通过提前谋划、集中启动、媒体传播，线上线下共同发力，全面展示各地各高校青年大学生参与活动的生动实践和良好精神风貌。

（四）敢于尝试、积极创新。利用网络直播、短视频等新型传播与销售途径，引导、助力红旅项目团队把握机会，积极创新创业。

附件3

中国国际大学生创新大赛（2024）职教赛道方案

中国国际大学生创新大赛（2024）设立职教赛道，推进职业教育领域创新创业教育改革，培养技术赋能、跨界融合的新时代大国工匠。具体工作方案如下。

一、参赛项目类型

（一）创新类：以技术、工艺或商业模式创新为核心优势；

（二）商业类：以商业运营潜力或实效为核心优势；

（三）工匠类：以体现敬业、精益、专注、创新为内涵的工匠精神为核心优势。

二、参赛方式和要求

（一）职业学校（包括职业教育各层次学历教育，不含在职教育）、国家开放大学学生（仅限学历教育）可以报名参赛。

（二）大赛以团队为单位报名参赛。允许跨校组建团队，每个团队的参赛成员不少于3人，不多于15人（含团队负责人），须为项目的实际核心成员。参赛团队所报参赛创业项目，须为本团队策划或经营的项目，不得借用他人项目参赛。

三、参赛组别和对象

本赛道分为创意组与创业组。

（一）创意组

1.参赛项目具有较好的创意和较为成型的产品原型、服务模式或针对生产加工工艺进行创新的改良技术，在大赛通知下发之日前尚未完成工商等各类登记注册。

2. 参赛申报人须为团队负责人，须为职业学校的全日制在校学生或国家开放大学学历教育在读学生。

3. 学校科技成果转化项目不能参加本组比赛（科技成果的完成人、所有人中参赛申报人排名第一的除外）。

（二）创业组

1. 参赛项目在大赛通知下发之日前已完成工商等各类登记注册。

2. 参赛申报人须为企业法定代表人，须为职业学校全日制在校学生或毕业5年内的学生（即2019年之后的毕业生）、国家开放大学学历教育在读学生或毕业5年内的学生（即2019年6月之后的毕业生）。企业法人在大赛通知发布之日后进行变更的不予认可。

3. 项目的股权结构中，企业法定代表人的股权不得少于10%，参赛团队成员股权合计不得少于1/3。

四、奖项设置

（一）本赛道设置金奖70个、银奖140个、铜奖440个。

（二）获得金奖项目的指导教师为"优秀创新创业导师"（限前五名）。

五、其他

各地要成立有职业教育部门参与的职教赛道工作小组，推进各阶段的赛事组织工作。

附件4

中国国际大学生创新大赛（2024）产业命题赛道方案

第中国国际大学生创新大赛（2024）设立产业命题赛道，推进产教融合、科教融汇。具体工作方案如下。

一、目标任务

（一）发挥开放创新效用，打通高校智力资源和企业发展需求，协同解决企业发展中所面临的技术、管理等现实问题。

（二）引导高校将创新创业教育实践与产业发展有机结合，促进学生了解产业发展状况，培养学生解决产业发展问题的能力。

（三）聚焦发展新质生产力，立足产业急需，深化新工科、新医科、新农科、新文科建设，校企协同培育产业新领域、新市场，推动大学生更高质量创业就业。

二、参赛项目类型

（一）产教协同创新组：聚焦国家重大战略需求，深度推进产教融合、科教融汇，基于"四新"建设的内涵和要求，推动解决制约产业高质量发展的各类难题，加速产业转型升级与迭代创新。

（二）区域特色产业组：服务区域经济社会发展，聚焦举办地上海的三大先导产业——集成电路、生物医药、人工智能及相关各类产业，提出具有创新性的技术解决方案，助力构建具有竞争力的区域产业生态。

三、命题征集

（一）本赛道针对企业开放创新需求，面向产业代表性企业、行业龙头企业、专精特新企业等征集命题。

（二）企业命题应聚焦国家"十四五"规划战略新兴产业方向，倡导新技术、新产品、新业态、新模式。围绕新工科、新医科、新农科、新文科对应的产业和行业领域，基于企业发展真实需求进行申报。

（三）命题须健康合法，弘扬正能量，知识产权清晰，无任何不良信息，无侵权违法等行为。

四、参赛要求

（一）本赛道以团队为单位报名参赛，每支参赛团队只能选择一题参加比赛，允许跨校组建、师生共同组建参赛团队，每个团队的成员不少于3人，不多于15人（含团队负责人），须为揭榜答题的实际核心成员。

（二）项目负责人须为普通高等学校全日制在校生（包括本专科生、研究生，不含在职教育），或毕业5年以内的全日制学生（即2019年之后毕业的本专科生、研究生，不含在职教育）。参赛项目中的教师须为高校教师（2024年8月15日前正式入职）。

（三）参赛团队所提交的命题对策须符合所答企业命题要求，命题企业将对命题对策进行契合度审核评价。参赛团队须对提交的应答材料拥有自主知识产权，不得侵犯他人知识产权或物权。

（四）所有参赛材料和现场答辩原则上使用中文或英文，如有其他语言需求，请联系大赛组委会。

五、赛程安排

（一）征集命题。请命题企业于2024年5月30日24:00前进入全国大学生创业服务网（网址：https://cy.ncss.cn）进行中国国际大学生创新大赛（2024）产业命题赛道命题申报。

（二）命题发布。大赛组委会组织专家，对企业申报的产业命题进行评审遴选。入选命题于6月中旬在全国大学生创业服务网公开发布和全球青年创新领袖共同体促进会（PILC）官网（网址：www.

pilcchina.org）公开发布。

（三）参赛报名。各省级教育行政部门及各有关学校负责审核参赛对象资格。中国大陆和港澳台地区参赛团队通过登录全国大学生创业服务网进行报名。国际参赛团队通过登录全球青年创新领袖共同体促进会（PILC）官网进行报名。参赛报名及对策提交的截止时间为北京时间2024年8月1日24:00。请命题企业、学校及参赛团队登录全国大学生创业服务网，查看校企对接的具体流程，积极开展对接，确保供需互通。

（四）初赛复赛。初赛复赛的比赛环节、评审方式等，由各地结合参赛报名等情况自行决定，项目评审可邀请出题企业的专家共同参与。各地应在8月31日前完成入围总决赛的项目遴选与推荐工作。各地推荐项目应有名次排序，供总决赛参考。

（五）总决赛。入围总决赛项目通过对策讲解、实物展示和专家问辩等环节，决出各类奖项。具体安排与大赛整体安排保持一致。

六、奖项设置

本赛道设置金奖50个、银奖100个和铜奖300个。

七、其他说明

（一）大赛组委会不保障所有命题均可揭榜及提交对策满足命题企业要求。2024年大赛未获揭榜的产业命题，可在下一年度继续申报。

（二）命题企业需遵守大赛的规章制度，按照大赛的流程和要求参与大赛的相关活动。鼓励企业和高校在赛后积极启动项目对接会，进一步推动项目落地。

（三）命题企业需充分开放与所有高校的项目对接沟通，杜绝出现长期与个别高校合作、拒绝与其他高校沟通对接的情况。

附件5

中国国际大学生创新大赛（2024）萌芽赛道方案

第中国国际大学生创新大赛（2024）设立萌芽赛道，鼓励学生崇尚科学、探索未知，推动形成各学段有机衔接的创新教育链条，发现和培养基础学科和创新创业后备人才。具体工作方案如下。

一、目标任务

引导中学生开展科技创新、发明创造、社会实践等创新性实践活动，培养其探索性、创新性思维品质，树立科学的人才观、成才观、教育观。

二、参赛对象

普通高级中学在校学生。参赛学生须为项目的实际成员，鼓励学生以团队为单位参加（团队成员不超过 15 人），允许跨校组建团队。

三、参赛项目要求

（一）项目应紧密融合学习、生活、社会实践，能创造性地解决问题或提供解决思路，具有可预见的应用性与成长性，可以是教育部公布的面向中小学生的全国性竞赛活动名单中学生赛事获奖项目或作品。

（二）项目须真实、健康、合法，无任何不良信息，不得借用他人项目参赛。项目立意应弘扬正能量，践行社会主义核心价值观。参赛项目不得侵犯他人知识产权；所涉及的发明创造、专利技术、资源等必须拥有清晰合法的知识产权或物权，涉及他人知识产权的，报名时须提交完整的具有法律效力的所有人书面授权许可书、专利证书等；抄袭盗用他人成果、提供虚假材料等违反相关法律法规的行为，一经发现即刻丧失参赛相关权利并自负一切法律责任。

四、赛程安排

各地成立有基础教育部门参与的大赛萌芽赛道工作小组,研究、制定工作方案,推进各阶段的赛事组织工作。

(一)项目遴选(2024年4—8月)。各地要做好本地优秀创新项目的遴选工作,遴选环节和方式等可自行决定。

(二)项目推荐(2024年8月)。请各地于8月31日前,向大赛组委会推荐不超过10个参加全国总决赛萌芽赛道的项目。

(三)网络评审(2024年9月)。根据萌芽赛道评审规则评选出200个入围全国总决赛的项目,其中前60个项目参加总决赛现场比赛。

(四)总决赛(2024年10月)。进入总决赛现场比赛的60个项目参加现场展评,通过项目讲解、实物展示和专家问辩,决出奖项。

五、奖项设置

本赛道设置创新潜力奖20个。入围总决赛但未获创新潜力奖的项目,发放"入围总决赛"证书。

参考文献

[1] 陈宏，翟树芹，梁芬芬.创新创业10步法[M].2版.南京：南京大学出版社，2022.

[2] 贺浩华，魏洪义，赵雷.大学生创新创业基础教程[M].成都：四川大学出版社，2021.

[3] 李振键，付大军，段丽萍.北京理工大学校友创业故事集（第二辑）[M].北京：北京理工大学出版社，2017.

[4] 李鹤，王凌宇.东大校友创业之路[M].沈阳：东北大学出版社，2018.

[5] 朱永迪，张文秀.从零到卓越—创新与创业案例分析[M].上海：上海交通大学出版社，2021.

[6] 杨其龙，李婷，黄重成.创新创业案例分析与能力训练[M].上海：上海交通大学出版社，2019.

[7] 朱七光.创业案例分析[M].北京：国家行政学院出版社，2017.